# DIE GOLDENEN FÜHRER

# MALTA

## PERLE DES MITTELMEERES

 **Miller Distributors Limited**
Miller House, Airport Way, Tarxien Road, Luqa LQA 05 Malta.
P.O. Box 25, Malta International Airport LQA 05 Malta.
Telephone: (356) 21 66 44 88 Fax (356) 21 67 67 99
info@millermalta.com   www.millermalta.com

Redaktion: Monica Bonechi
Grafischer Entwurf, Bildrecherchen und Umschlaggestaltung: Manuela Ranfagni
Karten: Stefano Benini

Die Fotos sind Eigentum des Verlagsarchivs der Casa Editrice Bonechi und wurden
von Andrea Fantauzzo und von Andrea Ghisotti (Seiten 94 und 95) aufgenommen.
Weitere Fotobeiträge: Archivio Plurigraf, Kevin Casha, Daniel Borg,
Jonathan Beacom & Perfecta Advertising, Sie, Laura Ronchi.
Die Fotos auf den Seiten 16, 20 oben und Mitte links, 42 oben, 44, 45 oben rechts, 46 unten,
66 oben und Mitte, 66-67 oben, 67 Mitte, 68 oben, 70 Mitte und unten, 72, 73 oben und unten
rechts, 76, 77, 84 unten, 85 unten, 99 unten, 114 oben. Die Fotos der Kathedrale
von Gozo (S. 102-103) wurden mit freundlicher Genehmigung des Domkapitels reproduziert.

©Copyright by
CASA EDITRICE PERSEUS – Buchreihe PLURIGRAF
Herausgeber und Druckerei: Centro Stampa Editoriale Bonechi,
Sesto Fiorentino (FI)

Gemeinschaftswerk. Alle Rechte vorbehalten.
Der Nachdruck, auch auszugsweise, die Speicherung oder Übertragung dieser Veröffentlichung
in welcher Form oder mit welchen Mitteln auch immer – elektronisch , chemisch oder
mechanisch – mittels Fotokopien oder mit anderen Systemen einschließlich Film,
Radio und Fernsehen, sowie mit Systemen der Archivierung und der Informationssuche,
sind ohne die schriftliche Genehmigung des Herausgebers untersagt.

Der Verleger bittet um Verständnis für versehentlich nicht ausgewiesene Fotos und steht
nach entsprechenden Hinweisen für eventuelle nachträgliche Ansprüche zur Verfügung.

# EINLEITUNG

*Durch die geografische Lage - 90 Kilometer südlich von Sizilien, 290 km nördlich des afrikanischen Festlands, 1830 km östlich von Gibraltar und 1500 km westlich von Alexandria - könnte man behaupten, dass Malta und seine Inseln einen Platz im Zentrum des Mittelmeers einnehmen.*

Die Inselgruppe besteht aus den Inseln Malta, Gozo und Comino, die besiedelt sind, sowie den kleineren unbesiedelten Inseln Cominotto, Filfla und St. Paul. Die größte Entfernung in Malta entlang einer Südost/Nordwest-Achse beträgt etwa 27 km, die größte Breite ist 14 km. Die entsprechenden Zahlen für Gozo sind 14 km und 7 km. Comino, die kleinste der bewohnten Inseln, ist nur 2,6 km² groß. Die Küstenlänge von Malta beträgt 136 km, die von Gozo 43 km. An den Ausbuchtungen entlang der Küste finden sich Buchten, Sandstrände und felsige kleine Buchten und, was noch wichtiger ist, tiefe natürliche Häfen. Mit einer Bevölkerungszahl von etwa 400.000 die in einem Gebiet von 320 km² zusammengedrängt leben, können die Maltesischen Inseln darauf Anspruch erheben, das dichtbevölkertste Land in Europa zu sein.

## VORGESCHICHTE

Etwa 4000 Jahre v. Chr. verließ eine kleine Gruppe von spätsteinzeitlichen, sizilianischen Bauernfamilien ihre Inselheimat mit dem Ziel die kleine Inselgruppe weiter südlich zu besiedeln. Sie brachten ihre Haustiere, Töpferwaren, Samentaschen und Feuerstein-Werkzeuge mit sich. Dies waren die ersten Malteser. Mit der Zeit vermehrten sich diese frühen Malteser, kamen zu Reichtum und errichteten über längere Zeit hinweg einige Tempel. Um etwa 1800 v. Chr. verschwanden die Tempelbauer dann. Einst hatte man geglaubt, dass die ursprünglichen Siedler einer Invasion von neuen Einwanderern unterlegen waren, die sie entweder

*Die zerklüftete Küste bei Dwejra auf der Insel Gozo.*

vernichtet oder zu Sklaven gemacht und das Land eingenommen hatten. Die Invasionstheorie kann nicht vollkommen ausgeschlossen werden und hat immer noch ihre Anhänger. Falls tatsächlich eine Invasion stattgefunden hat, dann hätten die Neuankömmlinge, die urprünglich vom „Absatz" des italienischen Stiefels stammten [heute: Apulien], keine Schwierigkeiten gehabt die Reste des ursprünglichen Stamms, der die Inseln 2200 Jahre vorher besiedelt hatte, zu überwältigen. Waren die ersten Siedler friedliche Bauern gewesen, so waren die Neuankömmlinge kriegerischer. Diese Weide-Bauern aus der Bronzezeit waren weniger zivilisiert als die Bevölkerung die sie verdrängten. Sie bauten keine Tempel sondern benutzten die älteren Tempel aus der Kupferzeit als Friedhöfe. Aber auch diese Bronzezeit-Bauern sollten ihre Inseln nicht in Ruhe genießen können, denn etwa 600 Jahre nach ihrer Ankunft drang eine neue Welle von Kriegern mit Bronzewaffen in das Land ein. Diesmal handelte es sich eindeutig um einen Eroberungsangriff. Sie machten Malta zu ihrer Heimat. Dieses Ereignis fand um etwa 1200 v. Chr. statt. Wie ihre kriegerischen Vorgänger bauten sie ihre Siedlungen an Standorten die leicht zu verteidigen waren. Die letzte Epoche des Altertums - das Eisenzeitalter - ist auf den Maltesischen Inseln durch die Überreste einer einzigen Siedlung bei Bahrija gekennzeichnet (etwa 900 v. Chr.)

## DIE PHÖNIZIER

Die Maltesischen Inseln mit ihren schönen natürlichen Häfen stellten einen Aussenposten bereit, auf den die Phönizier um etwa 800 v. Chr. stießen. Wie in anderen Ländern, so war es auch in Malta: Sobald sie als Händler Fuß gefasst hatten, integrierten sie sich allmählich durch Heirat in die bronzezeitliche Bauerbevölkerung ein. Im Fall der Maltesischen Inseln wagten sich die Phönizier tief ins Inland hinein, denn ihre Artefakte wurden dort an mehreren Örtlichkeiten gefunden, sogar bei Rabat im Zentrum der Insel Malta. Die Weberei-Industrie, die schon vor der Ankunft der Phönizier blühte, erhielt wahrscheinlich durch die Ankunft der Phönizier einen zusätzlichen Schub und einen größeren Exportmarkt. Töpferarbeit wurde jetzt auf der Drehscheibe angefertigt anstatt aus Wülsten zusammengesetzt, wie es bis dahin der Fall gewesen war. Die Verknüpfung zwischen den phönizischen Kolonien und deren Zentralstaat war nie sehr stark gewesen, und als das phönizische Heimatland überrannt wurde, übernahm die Kolonie Karthago die

Rolle des Mutterlands. Die Phönizier von Karthago bemühten sich in vielen Bereichen des Mittelmeers, eine Einflusssphäre aufzubauen; in dieser Hinsicht waren die Griechen ihre Hauptrivalen. Überraschenderweise schienen diese Unterschiede in den Maltesischen Inseln nicht zu bestehen: es ist nicht bekannt, wieviele Griechen hier zusammen mit Phöniziern und Karthagenern lebten bzw. koexistierten, aber es gab zweifellos einige - Gemeindeeinrichtungen ähnelten ihren griechischen Gegenstücken, und griechische Münzen und Töpferware sind auf den Inseln gefunden worden.

## DIE RÖMER

Offensichtlich verursachte die Invasion der Römer keine großen Schwierigkeiten, und es gibt Hinweise darauf, dass die Phönizier auf der Insel sich gegen ihre karthagenischen Cousins wendeten und die Garnison den angreifenden Römern übergaben. Die Malteser wurden mehr als Verbündete wie als Eroberte behandelt: sie behielten ihre punischen Traditionen, ihre Sprache und ihre Götter. Die Römer bauten die Stadt Melita, so genannt nach der Insel auf der sie lag, auf einer alten punischen Siedlung in der heutigen Gegend von Rabat/Mdina auf Malta, und noch eine Stadt in Gozo wo heutzutage Victoria (Rabat) steht.

*Ein mit einem Spiralmotiv dekorierter Stein der an einer von Malta's zahlreichen archäologischen Stätten gefunden wurde.
Unten, eine Luftaufnahme der Insel Comino.*

## SANKT PAULUS

Der Schiffbruch des Sankt Paulus im Jahr 60 ist detailliert in der Apostelgeschichte beschrieben, und eine langjährige Pauliner Tradition, die durch archäologische Ausgrabungen bei San Pawl Milqghi bestätigt wird, beweist ohne jeden Zweifel dass seine Ankunft in Malta eine historische Tatsache ist und auch dass er während seines dreimonatigen Aufenthalts auf der Insel die ersten Samen der christlichen Religion gesät hat, welcher die heutigen

Malteser mit großer Mehrheit zugehören. Der Apostel Paulus war zu jener Zeit verhaftet worden und unterwegs nach Rom um sich vor Cäsar zu rechtfertigen, ein Recht das ihm als römischem Bürger zustand. Unter den anderen Gefangenen befand sich der Arzt Sankt Lukas, der den Bericht dieser ereignisvollen Reise niederschrieb. Die dem Schiffbruch nächstgelegene Wohnstätte war die Villa von Publius, der Hauptbeamter der Insel. Alle Schiffbrüchigen hielten sich drei Tage lang dort auf. Nachdem sie ihre Kräfte wiedererlangt hatten, zogen sie zur Hauptstadt der Insel Melita um. In der Stadt heilte Paulus den Vater des Publius von einem Fieber, nachdem der römische Beamte sich zum Christentum bekehrt hatte, und später wurde er von St. Paul zum Bischof ordiniert. Sankt Publius war der erste Bischof von Malta. Nach drei Monaten, als es sicher genug schien wieder eine Meeresreise zu unternehmen, segelte Sankt Paulus nach Rom und zu seinem nachfolgenden Martyrium. Es heißt, dass eine Kirche auf dem Standort von Publius' Palast gebaut wurde wo St. Paul seinen Vater geheilt hatte. Oft wiederaufgebaut,

*Der Megalithkomplex von Ħaġar Qim.*

steht auf dieser Stätte steht heutzutage die dem Heiligen Paulus gewidmete Kathedrale von Mdina.

## DIE ARABER

Die arabischen Angriffe auf die Inseln fanden um das Jahr 836 statt, als Malta und seine Inseln noch unter byzantinischer Herrschaft waren. Die Maltesischen Inseln wurden aber erst im Jahr 870 von Aglabid-Arabern erobert, die ursprünglich vom heutigen Tunesien kamen und Sizilien als Ausgangsort ihrer Invasion benutzten, denn diese Insel war von ihnen etwa 30 Jahre früher besetzt worden. Um ihre neuen Territorien besser schützen zu können, teilten die Muslime einen Teil der alten Römerstadt Melita ab und bauten einen Schutzgraben; diese Zitadelle wurde Mdina genannt. Die Hauptstadt der Schwesterinsel, Gozo, wurde gleichartig geteilt. Die Elite dieser kleinen Anzahl von Arabern auf den Inseln lebte wahrscheinlich in diesen Städten, aber arabische Dörfer waren überall auf beiden Inseln verstreut. Von den Arabern wrude das Wasserrad - die sienja - auf den Inseln eingeführt, ein von Tieren angetriebenes Gerät mit dem Wasser hochgezogen werden konnte, heutzutage praktisch nicht mehr gebräuchlich. Sie führten auch,

# EINLEITUNG

was noch viel wichtiger war, den Anbau der Baumwollstaude ein, der für mehrere Jahrhunderte ein Hauptwirkschaftsfaktor der maltesischen Ökonomie werden sollte.

**DAS MITTELALTER**
Die Araber in Sizilien waren untereinander getrennt, und diese Situation kam dem normannischen Grafen Rüdiger zugute, der nach einer Reihe von Feldzügen die Insel unter normannische Herrschaft brachte. Graf Rüdiger drang in die Inseln ein um sicherzustellen, dass seine südliche Flanke vor einem möglichen Angriff der Araber geschützt war. Im selben Jahr (1090) besetzte Graf Rüdiger auch die Maltesischen Inseln. Nachdem er die Araber zum Vasallenstatus gezwungen und die ausländischen christlichen Sklaven befreit hatte, kehrte er nach Sizilien zurück ohne sich weiter darum zu kümmern, seinen Preis mit einer Garnison zu versehen. In Malta hielten sich die Normannen an denselben aufgeklärten Grundsatz, und obwohl dort der christliche Glaube als offizielle Religion galt, wurde niemand wegen seiner Rasse oder

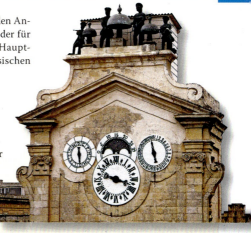

Pinto's Uhr im Großmeisterpalast, Valletta.

seines religiösen Glaubens verfolgt. Im Jahr 1127 führte Rüdiger II, Graf Rüdiger's Sohn, eine zweite Invasion von Malta; nachdem er die Insel überrannt hatte, stellte er sie unter das Kommando eines normannischen Statthalters und setzte normannische Soldaten in den drei Burgen ein, die derzeit auf den Inseln standen. Der letzte normannische König starb allerdings ohne einen männlichen Erben, und die neuen Herren der Maltesischen Inseln kamen, der Reihe nach, von den herrschenden

# EINLEITUNG

Adelsgeschlechtern aus Deutschland, Frankreich und Spanien: die Schwaben (1194), die Angoviner (1268), die Aragoneser (1283) und abschließend die Kastilier (1410). Als das normannische Zeitalter zum Ende kam, wurde das Lehensgut von Malta loyalen Dienern des sizilischen Königshauses gewährt; diese Grafen, oder sogenannten Marquisen von Malta, betrachteten ihr Lehensgut lediglich als Kapitalanlage - eine Steuerquelle und eine Sache mit der man handeln konnte oder die man verkaufen konnte, wenn sie nicht mehr nützlich war. Der letzte Feudalherr von Malta, Don Gonsalvo Monroy, wurde nach einer Revolte von der Insel vertrieben. Zu dieser Zeit waren die Malteser vollkommen christianisiert und die Häuser der großen religiösen Orden wurden auf der Insel gegründet: die Franziskaner (1370), die Karmeliten (1418), die Augustiner (1450), die Dominikaner (1466) und die kleineren Observanten (1492), während die Benediktinerschwestern im Jahr 1418 kamen.

## DIE RITTER DES JOHANNESORDENS

Die Ritter nahmen als militärischer Orden an den Kreuzzügen teil, aber

*Karte von Malta, herausgegeben von Quintinus im Jahr 1533. Wignacourt-Museum, Rabat.*

als Acre im Jahr 1291 fiel, wurden sie von ihrem letzten Stützpunkt im Heiligen Land vertrieben. Nach einem kurzen Aufenthalt in Zypern besetzten die Ritter mit genoesischer Unterstützung die Insel Rhodos.

Dies sollte für die nächsten zweihundert Jahre ihre Heimat sein bis sie vom Sultan Suleiman gezwungen wurden, die Insel zu verlassen. Nach einer siebenjährigen Wanderschaft wurde den Rittern und den Flüchtlingen von Rhodos, die sich ihnen angeschlossen hatten, vom Heiligen Römischen Kaiser Karl V. die Insel Malta als Heimat angeboten. Die Ritter hatten zur Erleichterung der maltesischen Adelleute entschieden, dass die Hauptstadt Mdina zu weit im Inland lag, und machten sich daher in dem kleinen Dorf ansässig, das sich hinter dem alten Castell'a Mare gewachsen war. In Birgu behielten die Ritter ihre ursprüngliche Organisation untereinander bei, ähnlich der die sie während ihres Aufenthalts in Rhodos entwickelt hatten. Der Orden könnte am besten beschrieben werden als eine multinationale Streitkraft, die in Languen unterteilt war, je nach der Nationalität ihrer Mitglieder.

Diese Languen, oder Sprachen, waren: Auvergne, Provence, Frankreich, Aragon, Kastilien, England, Deutschland und Italien. Jede

*„Letzter Angriff der Türken auf Fort St. Elmo" von Matteo Perez D'Aleccio. Palast des Präsidenten, Valletta.*

Langue hatte ihre eigene Auberge, oder Hauptquartier und eine spezifische Pflicht, die ihr traditionsgemäß zugewiesen war. Jede Langue war auch verantwortlich für die Verteidigung eines bestimmten Postens, wie etwa ein Teil einer Bastion oder eines Turms. Als ob sie darauf aus waren, die Unzulänglichkeit der Schutzanlagen der Inseln zu beweisen, griffen die Türken sie zweimal an, zuerst im Jahr 1547 und dann wieder im Jahr 1551; der zweite Angriff war besonders unglückselig. Die Türken verwüsteten die maltesische Landschaft, wobei sie die befestigten Städte umgingen. Dann richteten sie ihr Aufmerksamkeit der Insel Gozo zu und verschleppten die gesamte Bevölkerung in Sklaverei. Diese Angriffe veranlassten die Ritter zu fieberhafter Aktivität, um die Schutzanlagen der Inseln zu verbessern bevor noch ein, möglicherweise größerer, Angriff erfolgte.

## DIE GROSSE BELAGERUNG

„Nichts ist besser bekannt als die Belagerung von Malta", schrieb Voltaire zweihundert Jahre nach dem Ereignis, und für Malteser gilt diese Aussage auch heute noch. Hier ist eine kurze Zusammenfassung der Schilderung: Am 18. Mai 1565 griffen die osmanischen Türken und ihre Bündnispartner die Inseln an mit 48,000 ihrer besten Truppen. Sie beabsichtigten, dort einzumarschieren und hinterher über Sizilien und Italien auch in Südeuropa vorzustoßen. Ihnen gegenüber wurden etwa 8000 Männer zusammengezogen: 540 Ritter, 4000 Malteser, der Rest bestand aus spanischen und italienischen Söldnern. Nach unbehinderter Landung hatten die Türken zunächst einmal das Ziel, einen Ankerplatz zu sichern, und mit diesem Hintergedanken griffen sie St. Elmo an. Nach heroischem Widerstand, der einunddreißig Tage dauerte, konnte das Fort der massiven Bombardierung und den ständigen Angriffen der Türken nicht mehr widerstehen. Nachdem das Fort erobert war, konzentrierten sich die Ottomanen auf die zwei schlecht befestigten Hafenstädte Birgu und Senglea. Trotz pausenloser Bombardierung und obwohl sie einen Angriff nach dem anderen hinter ihren zerbröckelnden Wänden zurückschlagen mussten, gelang es den christlichen Truppen, den Feind in Schach zu halten, bis eine kleine Befreiungstruppe von etwa 8000 Mann von Sizilien ankam. Es gelang den Maltesern, die Türken zurückzuschlagen und sich so zu retten.

## EINLEITUNG

**DIE GRÜNDUNG VON VALLETTA**
Schon bei ihrer Ankunft im Jahr 1530 hatten die Ritter erwägt, den felsigen und steilen Berg Sciberras zu befestigen, aber weil sie derzeit keine Zeit dazu hatten, bauten sie lediglich ein Fort auf der am weitesten entfernten Kuppe. Während andere Großmeister die Möglichkeiten eines solchen Projekts nur erwägt hatten, war La Valette von dieser Idee besessen. Sobald er im Jahr 1557 zum Großmeister gewählt war, wurden von ihm Militäringenieure vom Ausland eingeladen um die Pläne anzufertigen, aber die große Belagerung hatte dem Projekt einen Riegel vorgeschoben. Sobald die Belagerung aufgehöben war, wurden die Pläne für eine Festungsstadt wiederbelebt. Als erster Schritt wurde das unglückselige Fort St. Elmo sofort wiederaufgebaut. Der Papst Pius IV schickte seinen Militäringenieur, Francesco Laparelli und die Planung der neuen Stadt fing damit ernsthaft an. Als Laparelli die Insel verließ, übergab er seinem maltesischen Assistenten, Gerolamo Cassar, die Fortführung der Arbeit die er begonnen hatte. La Valette starb im Jahr 1568 und wurde in der Siegesfrauenkirche begraben, dem zuerst errichteten Gebäude.

**DER UNTERGANG DES ORDENS**
Als der Orden sich auf Malta niederließ, lebten zum ersten Mal die Herrscher der Malteser auf der Insel selbst, und Wohlstand wurde auf die Insel gebracht statt von ihr extrahiert zu werden. Die Finanzen des Ordens befanden sich aber nun in einer prekären Situation. Arbeitslosigkeit und Armut waren weit verbreitet. Gegend Ende des 18. Jahrhunderts wurde es sogar noch schlechter für den Orden: in Frankreich, wo der größte Anteil seines Auslandseigentums lag, wurden die Besitztümer des Ordens von der Republikanischen Regierung übernommen und französische Flüchtlinge, die vor der Revolution nach Malta geflohen waren, stellten eine zusätzliche Belastung für den Staatssäckel des Ordens dar. Zu der Zeit wo der letzte Großmeister des Ordens, Ferdinand von Hompesch, erwählt wurde, plante Napoleon schon die Übernahme der Insel.

**DIE FRANZOSEN**
Man kann Napoleon's Eroberung von Malta im Juni 1798 nicht als einen seiner militärischen Triumphe zählen.

Der Großmeister kapitulierte ohne jeglichen Widerstand zu bieten und Napoleon machte seinen großen Einzug in Valletta, während Von Hompesch, in Begleitung einiger Ritter, innerhalb von einer Woche die Insel verließ. Die Malteser fühlten sich von dem Orden in Stich gelassen aber bevor sie versuchen konnten, Widerstand zu bieten überzeugte der Bischof sie, sich zu unterwerfen. Malteser, die im Heer und in der Kriegsmarine des Ordens gedient hatten, wurden in die französisch-republikanischen Truppen eingegliedert, und andere Regimente wurden auf der Insel selbst zu Garnisonspflichten aufgestellt. Nachdem er von den Palästen, Auberges und anderen Gebäuden alle Wertgegenstände entfernt hatte, schenkte Napoleon, der bequemerweise seine Versprechungen schon vergessen hatte, als nächstes den Kirchen seine Aufmerksamkeit; nur Artikel die zur „Ausübung des Kultes" unabdingbar waren, wurden dort belassen, während alle anderen Wertgegenstände entfernt und unschätzbare Kunstwerke aus Gold und Silber zu Barren geschmolzen wurden. Nominell hatte der Orden die Insel Malta als Lehensgut vom König von Sizilien gehalten (seit 1735 war Sizilien mit dem Staat Neapel zusammengelegt und war damals als das Königreich der Zwei Sizilien bekannt), daher wandten sich die Malteser an den König der Zwei Sizilien um ihn um Hil-

# EINLEITUNG

„Portrait einer maltesischen Kurtisane im 16. Jahrhundert" von Nicola de Nicolay. Nationalbibliothek, Valletta.

fe und Schutz zu bitten. Zur gleichen Zeit wurden Abgeordnete geschickt um die Verbündeten des Königs, die Briten, um Hilfe zu ersuchen. Eine kleine Gruppe von britischen Truppen landete daraufhin und als die Franzosen im Oktober 1798 in Gozo kapitulierten, wurde die sizilianische Fahne auf den Wällen gehisst. Als die Belagerung sich weiter fortsetzte, war es den Franzosen, die in den Befestigungsanlagen zusammengepfercht waren, wegen der britischen Blockade unmöglich gemacht Hilfe zu erhalten, obwohl die Malteser, die zu dieser Zeit die Unterstützung italienischer und britischer Truppen hatten, nicht die Mittel zur Verfügung hatten um die beeindruckende Bastion zu stürmen. Die Franzosen waren inzwischen erschöpft und bereit zu kapitulieren, aber Napoleon's Truppen haben sich stolz geweigert, sich den maltesischen Rebellen zu unterwerfen. The Briten andererseits waren darauf bedacht, ihre Truppen und Kriegsschiffe in anderen Kriegsschauplätzen einzusetzen. Sie waren darauf bestrebt, die Kapitulation der Franzosen in Malta zu beschleunigen, die dann auch im Jahr 1800 stattfand.

## DIE BRITEN

Sobald die Franzosen von der Insel vertrieben waren, hatten die Briten weniger Interesse daran, die Insel zu besitzen als daran, die Franzosen fernzuhalten. Im Frieden von Amiens (1802), der die Feindseligkeiten zwischen England und Frankreich zum Abschluss brachte, wurde sogar beschlossen dass Malta an einen reformierten Johannes-Ritterorden zurückgereicht warden sollte, unter dem Schutz des Königreichs der Zwei Sizilien, und dass Malta's Neutralität von allen Großmächten garantiert werden sollte.

Da die Briten Kontrolle über das Meer hatten, mussten alle Handelsschiffe am Hafen von Valletta anlegen und in Kürze wurden die Maltesischen Inseln das wichtigste Handelszentrum im Mittelmeerraum. Mit dem Pariser Vertrag (1814) wurde die Insel als britischer Besitz bestätigt. Um die Inselfestung so autark wie möglich zu machen, wurde landwirtschaftliche Nutzung gefördert und Kartoffelanbau, heutzutage ein bedeutendes landwirtschaftliches Exportprodukt, wurde eingeführt. Das allgegenwärtige Problem

## DAS MALTESERKREUZ

Das Wahrzeichen schlechthin von Malta, das berühmte Kreuz, war auch das Kreuz der Ritter des Johanniterordens. Die acht Spitzen des aus Amalfi stammenden Kreuzes symbolisieren die acht himmlischen Seligkeiten (Buße, Sanftmut, Armut, Gerechtigkeit, Friede, Nächstenliebe, Unschuld, Vollkommenheit) und die acht Herkunftsländer der Ritter.

# EINLEITUNG

der Wasserversorgung wurde auch vorrangige Beachtung geschenkt. Wohlstand führte zu einer schnellen Bevölkerungszunahme und Auswanderung wurde aktiv unterstützt, um die Bürde auf die kleine Festungsökonomie zu erleichtern. Italienische politische Flüchtlinge vor dem Risorgimento suchten Zuflucht auf Malta, und das Beispiel dieser italienischen Patrioten hatte die Auswirkung, dass die Flammen des maltesischen Nationalismus noch weiter gefacht wurden. Auf Drängen der maltesichen Bevölkerung wurde im Jahr 1835 ein Regierungsrat gegründet. Der militärische Wert von Malta und seinen Inseln wurde während des Krimkrieges (1854-56) erwiesen, als die Inselfestung ein Rückenstützpunkt für den Abmarsch von Truppen und eine Empfangsstation für Verluste wurde.

Reichspolitik schrieb vor, dass Britannien Malta voll unter Schutz nehmen und die einheimische Bevölkerung soweit wie möglich anglisieren musste. Der Erste Weltkrieg verwickelte Malta in den Krieg mit ein und, wie es auch 60 Jahre vorher im Krimkrieg passiert war, sollte Malta für die alliierten Flotten Hafen- und Werftanlagen zur Verfügung stellen, während ihre Beiträge zugunsten von kranken und verwundeten Soldaten, die auf der Insel hospitalisiert waren, Malta den Titel „Krankenschwester des Mittelmeers" einbrachte.

Eine Nationalversammlung wurde gegründet, um Vorschläge für eine neue Verfassung zu erarbeiten. Während eines der öffentlichen Treffen dieser Versammlung, welches am 7. Juni 1919 gehalten wurde, entwickelten sich Streitigkeiten in der Menge und Truppen wurden hinzugerufen um die Ordnung wiederherzustellen. Als im Jahr 1921 die neue Verfassung genehmigt wurde, sollte Malta endlich Selbstverwaltung gewährt werden mit Verantwortlichkeit für alle inneren Angelegenheiten. Die britische Regierung behielt die Kontrolle über Verteidigung, auswärtige Angelegenheiten und Immigration.

*„Das Seegefecht vom 3. Mai 1706: die Ritter kapern feindliche Schiffe."*
*Schifffahrtsmuseum, Birgu.*
*Rechts, ein Detail.*

### DER PFAD ZUR UNABHÄNGIGKEIT

Für die Malteser war der Pfad zur Unabhängigkeit weder reibungslos

# Einleitung

noch gerade. Zu der Zeit als Malta Selbstverwaltung gewährt wurde, im Jahr 1921, konnten die politischen Faktionen in drei Hauptgruppen eingeteilt werden. Die pro-britische Gruppe hatte sich weitgehend für die Förderung der englischen Sprache und Kultur entschieden sowie die Verbreitung der maltesischen Sprache. Die pro-italienische Gruppe stand für die Benutzung von italienisch und englisch, aber auch für die Verbreitung italienischer Kultur. Der Neuankömmling auf der politischen Szene war die Labour-Partei, damals noch in den Kinderschuhen, und ihr Programm waren allgemeine Schulpflicht, die Förderung der englischen und der maltesischen Sprache und, wie zu erwarten, die Verbesserung der Arbeits- und Sozialbedingungen. Im Anschluss an die Unruhen wurden Wahlen aufgehoben und im Jahr 1930 die Verfassung. Die nachfolgende Wahl wurde von der pro-italienischen Partei bei großer Mehrheit mit Unterstützung der Kirche gewonnen. In dem politischen Sturm der darauf folgte wurde die Verfassung wieder aufgehoben und ein Jahr später kehrte Malta zur Kolonialherrschaft zurück. Die britische Regierung, die jetzt die alleinige Kontrolle über die Insel hatte und uneingeschränkt war von örtlicher politischer Meinung, machte maltesisch und englisch zu den zwei offiziellen Sprachen der Insel, was sie heutzutage tatsächlich auch noch sind, während die Benutzung der italienischen Sprache von Verwaltungskreisen beseitigt wurde. Als die nächste Verfassung anerkannt wurde, war der Zweite Weltkrieg im Gange. Als Italien sich mit Deutschland verbündete, wurde Malta in die Frontlinie geworfen. Der erste Angriff, von italienischen Bombern, fand am 11. Juni 1940 statt. Der mediterrane Kriegsschauplatz war voraussagbar, doch als der Krieg kam, war die Insel schlecht zur Verteidigung ausgerüstet: die einzigen Kampfflugzeuge waren vier veraltete Gloucester Gladiators. Diese Flugzeuge wurden einige Wochen später durch ein paar Hurricanes verstärkt. Demgegenüber konnte sich die italienische Regia Aeronautica auf zweihundert Flugzeuge stützen, die in Sizilien stationiert waren, nur hundert Kilometer von Malta entfernt. Im Ju-

*Maltesische Trachten vom 16. und 17. Jahrhundert. Nationalbibliothek, Valletta.*

ni 1941 griff Hitler Russland an, und die Luftwaffe in Sizilien zweigte die meisten ihrer Flugzeuge zu dieser Front ab. Die Luftangriffe auf Malta ließen nach, hörten aber nicht vollkommen auf; zur gleichen Zeit hatte Malta Verstärkung bekommen und ging auf die Offensive. U-Boote und Flugzeuge die auf der Insel basiert waren griffen Axis-Schiffahrt und auch Bodenziele in Sardinien, Sizilien und sogar Tripoli an; darüber hinaus wurde Rommel um vielen notwendigen Nachschub gebracht. Der einzige Angriff italienischer E-Boote auf den Großen Hafen von der See her, am 26. Juli 1941, war zwar tapfer und verwegen aber erfolglos. Als die Luftwaffe mit vollzähliger Besatzung nach Sizilien zurückkehrte, fing das Bombardement wieder an und Malta wurde wieder in die Defensive gedrängt. Ein Drittel der maltesischen Fliegerabwehr-Besatzungen waren Malteser, und diese Männer machten sich bald einen Namen mit ihrer Tapferkeit und ihrer Effizienz. Am 15. April 1942 verlieh König Georg VI den Georg-Kreuz-Orden an „... das mutige Volk der Inselfestung Malta". Obwohl die Moral der Verteidiger von Malta hoch war, hatte die Insel nur geringe Materialressourcen; Versorgungsschiffe wurden von Axis-Fliegern und U-Booten abgefangen und zerstört, und die Situation war verzweifelt. Im July 1942 wurde berechnet, dass lebensnotwendige Vorräte nur noch zwei Wochen reichen würden. Obwohl schwer beschädigt, hinkte der „Santa Maria Convoy" am 15. August jenes Jahres in den Großen Hafen ein, und die Situation war gerettet. Mit frisch aufgefüllten Vorräten und der Ankunft mehrerer hundert Spitfires wurden die Rollen endlich getauscht. Im Juli 1943 fielen die Alliierten in Sizilien ein, nachdem sie Malta als Ausgangsbasis benutzt hatten, und der Krieg rückte von der Insel ab. Die Briten blieben dem Versprechen treu das sie während des Kriegs gegeben

# Einleitung

hatten und stellten die Autonomie wieder her. Neue Wahlen wurden gehalten und die pro-italienischen Exilenten wurden in ihre Heimat zurückgeschickt. Da die meisten Einwohner obdachlos waren, wurde der Wiederaufbau zur vorranglichen Priorität der neugewählten Labour-Regierung aber soziale Verhältnisse wurden auch verbessert. Besonders in der Umgebung der Hafenanlagen gewann die Gewerkschaftsbewegung Stärke als Arbeiter überall sich ihrer Rechte bewusst wurden. Drei Jahre später, nachdem die Labour-Partei sich aufgespalten hatte, führte die Nationalistische Partei eine Koalitionsregierung und diese Partei war bestrebt, Herrschaftsgebiets-Status für die Insel zu erlangen. Diese Partei, die ursprünglich die Intelligenzia repräsentierte, zog jetzt zahlreiche Arbeiter in ihre Reihen. Als die Labour-Partei wieder an die Regierung kam, wurde der britischen Regierung ein Gesuch zur Integrierung vorgelegt mit maltesischer Repräsentierung in Westminster. Als die Briten sich zu sträuben schienen, nachdem sie anfänglich Interesse gezeigt hatten, ging die Labour-Partei zum anderen Extrem über und forderte Unabhängigkeit; die nachfolgenden Auseinandersetzungen sollten der Labour-Partei viele Stimmen kosten. Die Konstitutionelle Partei, die ursprüngliche pro-britische Partei, ist eines natürlichen Todes gestorben, nachdem ihr Lebenszweck erfüllt war. Im Kielwasser neuer Wahlen und durch ein Referendum bestätigt, gewann Malta seine Unabhängigkeit innerhalb des Staatenbundes am 21. September 1964 mit der Königin von England als nominelle Königin von Malta. Unter der nächsten Labour-Regierung wurde Malta zur Republik erklärt mit Sir Anthony Mamo als erstem Präsident. Am 31. März 1979, als die Militärbase-Vereinbarung auslief, verließ der letzte britische Soldat die Insel, und Malta begann einen selbstauferlegten Neutralitätsstatus. Tourismus ist bis heute einer der Hauptsäulen von Malta's Einkünften obwohl örtliche Herstellung, größtenteils mit ausländischen Anlegern, auch eine wichtige Rolle im maltesischen Wirtschaftssystem spielt. Die Malteser sind ein stolzes und unabhängiges Volk aber sie sind sich realistischerweise bewusst, dass Malta finanziell nicht alleine stehen kann.
Malta ist seit dem 1. Mai 2004 Mitglied der Europäischen Union.

*Großmeisterpalast, spätes 19. Jahrhundert, wie gesehen von K. F. Brockdorf, Nationalbibliothek, Valletta.*

*Der Tourismushafen von Birgu mit der St.-Lorenz-Kirche im Hintergrund.*

*Die Schutzwälle von Sankt Barbara, Valletta.*

# MALTA

*Malta ist die Haupt- und gleichzeitig die größte Insel des Maltesischen Archipels. Die Hauptstadt der Republik Malta, Valletta, ist hier gelegen und auch andere wichtige Städte wie die alte Hauptstadt Mdina, und Rabat. Die Insel ist dicht bepackt mit Gebäuden, besonders in der Umgebung von Valletta und oft ist es schwierig, zu wissen wo die Grenzen zwischen den verschiedenen Städten und Kleinstädten liegen.*

Aber trotzdem hat jede ihre eigenen Besonderheiten. Es gibt interessante archäologische Stätten auf Malta, die Nachweis von uralten, hoch entwickelten Zivilisationen erbringen die hier zu prähistorischen Zeiten ansässig waren. Zusätzlich dazu gibt es wichtige Monumente, Kirchen und Befestigungsanlagen die von den Rittern des Johannesordens gebaut wurden, die etwa drei Jahrhunderte lang auf der Insel gelebt hatten. Malta ist auch für seine Verbindung mit Sankt Paulus bekannt, der hier nach seinem Schiffbruch während seiner Reise nach Rom drei Monate lang lebte. Malta ist ziemlich flach (der höchste Punkt ragt nur 258 Meter hoch) und das Gelände besteht aus Kalk und Lehm. Die Küstenlinie im Südwesten ist hoch und felsig, während an der Ostküste zahlreiche Buchten und Meeresarme liegen wie Marsaxlokk und der Große Hafen. Am Norden dagegen gibt es Sandstrände wo man erholsame Tage an der See verbringen kann. Zum guten Schluss gibt es verschiedene Plätze in der Umgebung von Valletta, die Unterhaltung für Liebhaber des Nachtlebens bieten; am besten bekannt davon ist St. Julian's.

*Oben, Aussicht auf Valletta vom Hafen von Marsamxett.*

*Unten, eine Luftaufnahme der Stadt auf der Sciberras-Halbinsel.*

# VALLETTA

*Als der Großmeister des Ordens, Jean Parisot de la Valette, den Grundstein für die „Humilissima Civitas Vallettae" legte, dachte er sicherlich nicht an eine Stadt mit eleganten Palästen, denn Valletta sollte als Festung zum Schutz der beiden Häfen auf jeder Seite der felsigen Halbinsel erbaut werden.*

Zuerst entstanden die Auberges, die Unterkünfte der Landsmannschaften, in welche die Ritter unterteilt waren. Andere Gebäude folgten, bis die ganze Stadt mit imposanten Palästen und Kirchen angefüllt war.

Die **National Library**, die Bibliothek, wurde als letztes Gebäude des Ordens 1796 fertig gestellt.

Für diejenigen, die sich für Militärgeschichte interessieren, lohnt ein Besuch der **Rüstkammer** im Grand Master's Palace und des **Kriegsmuseums** im Fort St. Elmo, wo eine exakte Kopie des unterirdischen Kriegsraumes im Lascaris-Graben zu sehen ist.

Für Musik- und Ballettliebhaber hält das **Manoel-Theater**

sehenswerte Programme bereit. Das Theater, ein wahres Schmuckstück von einem Gebäude, wurde 1732 erbaut und vor kurzem hervorragend restauriert. Großmeister Anton Manoel de Vilhena hätte gesagt „... für eine würdige Entspannung der Leute". Kunstliebhaber sollten das **Museum der Schönen Künste** und das **Kathedralmuseum** besuchen.

Valletta kann sich dreier Pfarr-

## VALLETTA

kirchen und einer Reihe anderer Kirchen rühmen, aber der ganze Stolz gilt doch der Kathedrale des Heiligen Johannes, **St. John's Co-Cathedral**. Das schlichte Äußere des Gebäudes steht im krassen Gegensatz zu dem reichen Innenraum. Kein Fleck blieb unverziert, die Wände sind skulptiert und vergoldet, und das bemalte Gewölbe stellt ein Meisterwerk von Mattia Preti dar. Vierhundert Marmorplatten sind in den Fußboden eingelassen, auf denen die Wappen der bedeutendsten Ordensmitglieder prangen.

*Gegenüberliegende Seite, oben, ein Abschnitt des Schutzwälle die Valletta umsäumen.*

*Mitte links, der Café-Premier-Komplex am Platz der Republik; rechts, eine Straße in Valletta.*

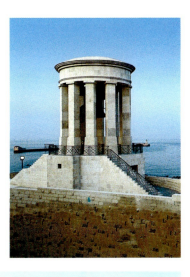

*Rechts, die Belagerungsglocke von Malta, die zur Erinnerung an die 7000 Opfer des Zweiten Weltkriegs gegossen wurde.*

*Unten, der Platz von City Gate.*

## DER GROSSMEISTERPALAST

Valletta ist eine Stadt voller Paläste, aber bei den Maltesern heißt der Großmeisterpalast ganz einfach „*Il Palazz*", der Palast. Der Palast ist zweistöckig und nimmt einen ganzen Häuserblock ein. Die beiden imposanten Hauptportale im Barockstil stehen in direktem Kontrast zu der schlichten Ausarbeitung der übrigen Fassade. Drei Seitentore führen zu ebenso vielen Strassen. Drei der Durchgänge führen zu einem weiträumigen Innenhof, während man durch einen weiteren Eingang und ein Tor in einen kleineren, etwas höher angelegten Hof gelangt. Der größte Hof ist der **Neptunshof**, der nach der Bronzestatue des Meeresgottes benannt ist. Der kleinere **Prinz-Alfred-Hof** ist nach einem der Söhne der Königin Victoria benannt und erinnert an seinen Besuch auf Malta im Jahre 1858; die bemerkenswerte **Turmuhr von Pinto** überragt eine Hofseite. Diese Uhr hat vier Quadranten, auf denen außer der Uhrzeit auch der Tag, der Monat und die Mondphasen wiedergegeben sind. Die Stunden werden mit eisernen Hämmern von bronzenen Mohrensklaven geschlagen. Vermutlich ist die Uhr ein Werk des Malteser Uhrmachers Gaetano Vella aus dem Jahr 1745.

Wie bei den italienischen Renaissancepalästen war das wichtigste Stockwerk der *Piano Nobile*, das Obergeschoss, während im Erdgeschoss Ställe, Unterkünfte für die Dienerschaft und Lagerräume untergebracht waren. Die *Haupttreppe* zum Obergeschoss wurde von Großmeister Hughes de Loubenx Verdala erbaut, wie man an seinem Wappen mit dem Wolf erkennen kann. Am Ende der Treppe gelangt man zu einem Atrium, wo zwei Korridore des Palastes zusammentreffen. Rechts erreicht man die ehemalige **Rüstkammer**.

In diesem Teil des Palastes ist heute das Abgeordnetenhaus untergebracht (das Parlament besteht nur aus einer Kammer, es existiert kein Oberhaus). Die *Lünetten* unter den Fenstern auf diesem Korridor stammen von Nicolò Nasoni aus Siena und wurden Anfang des 18. Jahrhunderts gemalt. Die Gegenstücke dazu wurden von dem maltesischen Künstler Giovanni Bonello etwa 160 Jahre später geschaffen.

*Statue von Neptun im Neptunhof.*
*Gegenüberliegende Seite, oben, eine Kutsche vor dem Palast des Großmeisters.*
*Unten, die Außen-Empore des Palasts.*

Die Bilder ergänzen sich gegenseitig und zeigen zeitgenössische Landschaften von Malta und Gozo.

Ein sehenswürdiger Saal auf dem Korridor der Rüstkammer ist der **Ratssaal** oder **Saal der Wandteppiche**, in dem die Ordensmitglieder ihre Sitzungen abhielten. Nach seiner Wahl zu dem hohen Amt überreichte der Großmeister dem Orden gewöhnlich ein Geschenk, die „Gioja". Ein Teil dieser „Gioja" des Großmeisters Ramon Perellos y Rocaful ist die unschätzbare **Gobelinsammlung**, die dem Saal seinen Namen gab. Perellos wurde 1697 gewählt, aber erst 1710 wurden die Teppiche fertig und an den vorgesehenen Stellen aufgehängt. *Les Tentures des Indes* („Die indischen Wandteppiche") ist der Titel einer herrlichen Darstellung der Fauna und Flora dreier Kontinente.

Die erste Tür rechts des Vorraums führt zum **Staatsspeisesaal**, wo die Beziehungen zu Britannien in mehreren dort aufgehängten *Königsporträts* zum Ausdruck kommen.

Die nächste Tür führt vom Eingangskorridor zum **Großen Ratssaal**, auch als **Thronsaal** bekannt. Wie alle Säle des Piano

*Oben, Eingang zum Neptunhof.
Links, Verzierung über der Tür
zur Abgeordnetenkammer.*

Nobile ist auch die Kassettendecke in diesem Saal fein ausgearbeitet und bemalt, aber den kostbarsten Schmuck stellt der *Fries mit 12 Fresken* von Matteo Perez d'Aleccio dar, der zwischen 1576 und 1581 auf Malta arbeitete.

Am Ende der Wand steht der *Thron*, der abwechselnd von den Großmeistern und britischen Gouverneuren eingenommen wurde. Über dem Thron prangt heute das Wappen der Republik Malta.

*Der Haupteingang zum Obergeschoss mit dem Staatswappen der Republik Malta im Vordergrund.*

Gegenüber dem Thron ist eine geschnitzte **Spielmannsgalerie** in die Wand eingelassen.

Sie stammt angeblich vom Flaggschiff des Ordens „Great Carrack of Rhodes", einem der Schiffe, auf welchen die Ritter nach Malta kamen. Eine Tür führt vom Thronsaal zum **Botschaftersaal**, wegen seiner roten Damastvorhänge auch **Roter Saal** genannt. Eine Tür führt vom Saal der Botschafter zum **Wartesaal der Pagen**, auch als **Gelber Saal** bekannt wegen der goldfarbenen Damastverkleidung der Wände.

Die Anzahl der ursprünglich acht Pagen des Großmeisters wurde später auf sechzehn erhöht. Der

# MALTA

*Ratssaal, auch Saal der Wandteppiche genannt: Detail der „Tentures des Indes", von Gobelin.*

Fries ist wiederum ein Werk von Matteo Perez d'Aleccio und stellt *Episoden aus der Ordensgeschichte im Heiligen Land* dar.
Auch hier werden die Bilder durch allegorische Figuren unterteilt, eine davon stellt die Republikanische Regierungsform dar und wirkt wie ein seltsamer Fremdkörper im Reich dieser autokratischen Regenten oder Großmeister.
Vom Pagensaal erreicht man einen Gang, der im rechten Winkel zum Eingangskorridor liegt. Er heißt **Prince-of-Wales-Korridor** zur Erinnerung an einen Besuch des späteren Königs Eduard VII. im Jahr 1862, der damals Prinz von Wales war. Die Räume auf diesem Korridor waren früher die **Privatgemächer des Großmeisters**, später dienten sie den britischen Gouverneuren als Amtszimmer. Heute beherbergen sie die Büroräume des Präsidenten der Republik.
Die *Privatkapelle* des Großmeisters wurde in das Sekretariat des Gouverneurs umgewandelt, und die Spielmannsgalerie, die sich dort befand, wurde in den Thronsaal verlegt, wo sie heute noch ist. Die *Gemälde* in dieser Kapelle sind vermutlich die ältesten Kunstwerke im Palast und zeigen *Episoden aus dem Leben Johannes des Täufers*, des Schutzpatrons des Ordens, der seinen Namen trägt.

## DAS RÜSTKAMMER-MUSEUM

Die Ritter verwendeten nur ungern Schusswaffen, die ihnen als unritterlich vorkamen, doch waren sie gezwungen, mit der Zeit Schritt zu halten. Zum Glück blieben einige wertvolle Exemplare, insbesondere ganze *Rüstungen* einiger Großmeister, erhalten. Die gegenwärtige Sammlung ist klein, aber interessant. Die beiden früheren Rüstkammern beeindruckten zwar durch die riesige Anzahl der Exponate, doch viele der Ausstellungsstücke wiederholten sich. Zu der Zeit, als der Orden sich 1530 auf Malta niederließ, war der Gebrauch von Schusswaffen gerade im Begriff, die Art der Kriegsführung zu revolutionieren. Bei der Grossen Belagerung wurden hauptsächlich Artillerie und Arkebusen eingesetzt, aber auch Rüstungen wurden noch verwendet, und ein Jahrhundert später wurden Brustpanzer und Schilde immer noch den Feuerwaffen ausgesetzt. In der Rüstkammer befinden sich auch mehrere Stücke mit Dellen als Beweis dafür, dass sie kugelsicher waren. Eine Mischung aus alt und neu stellt ein Exemplar dar, das aus einer Art *Schwert* mit einem eingebautem Trommelrevolver besteht.

*Waffenkammer eines Ritters ausgestellt im Museum.*
*Ein Zimmer im Arsenal-Museum.*

# MALTA

## ST. JOHN'S CO-CATHEDRAL

Im Jahr 1573 stimmte der Großmeister Jean de la Cassière dem Bau einer Konventskirche für den Johanniterorden zu. Sie wurde 1578 von dem Malteser Baumeister Gerolamo Cassar fertig gestellt.

Die strenge Außenansicht verrät in keiner Weise die reiche und verschwenderische Innenausstattung. Bescheidene Säulen über dem Haupteingang stützen den *Balkon*, auf welchem der Großmeister sich nach der Wahl der Öffentlichkeit zu zeigen pflegte. Der rechteckige, barocke **Innenraum** wurde von späteren Großmeistern verschönert und weiterhin bereichert durch die „Gioja", d.h. die Geschenke, zu welchen verfassungsgemäß jeder Ritter bei Aufnahme in den Orden verpflichtet war. In den Jahren 1662-67 malte Mattia Preti, „Il Calabrese", das Deckengewölbe mit *Szenen aus dem Leben Johannes des Täufers*, dem Schutzpatron des Ordens, aus, indem er das Öl direkt auf den Stein auftrug. Diese Arbeit wurde von den Gebrüdern Cottoner finanziert.

*Oben, Detail der Co-Kathedrale.*

*Links, einer der Glockentürme und eine Kapelle in der Nähe der Co-Kathedrale.*

Der *Hochaltar* besteht aus Lapislazuli und seltenem Marmor. Die Seitenkapellen waren den einzelnen Landsmannschaften des Ordens zugeteilt. Das gesamte Gitter der **Sakramentskapelle** und auch die Leuchter des Hauptaltars sind aus Silber. In der **Krypta** liegen die Groß-

# VALLETTA

*Die Fassade der Co-Kathedrale von Sankt Johannes, entworfen von dem maltesischen Architekt, Gerolamo Cassar.*

*Rechts, die Barockeinrichtung der Co-Kathedrale: der Hochaltar.*

meister begraben, die in Malta vor Fertigstellung der Kirche gestorben sind. Die bedeutendsten Sarkophage sind die von La Valette, dem Sieger der Großen Belagerung 1565, und von Cassière, der die Johanneskirche errichten ließ. Das *Oratorium* schmückt ein 3 x 5 Meter großes Gemälde

# MALTA

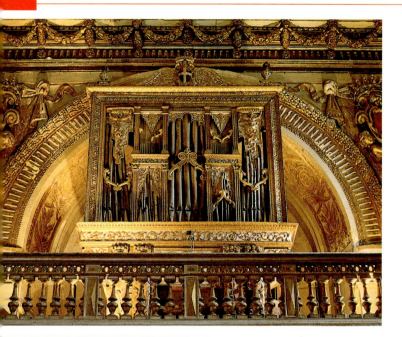

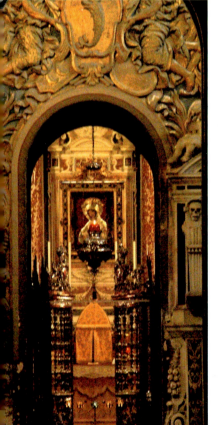

*Die prachtvolle Orgel in der Co-Kathedrale von Sankt Johannes. Links, noch ein Detail vom Inneren der Kathedrale.*

*Gegenüberliegende Seite, oben, ein Raum im Museum der Co-Kathedrale von Sankt Johannes.*

*Mitte links, eins der Werke im Museum; rechts, die Co-Kathedrale von Sankt Johannes in einem Gemälde aus dem 17. Jahrhundert. Museum der schönen Künste, Valletta.*

*Unten, Gesamtansicht des Inneren der Kathedrale mit den Gewölben, die Fresken von Mattia Preti zeigen und 18 Episoden aus dem „Leben des Sankt Johannes der Täufer" darstellen.*

von Caravaggio, das die **Enthauptung Johannes' des Täufers** darstellt. Dieses Bild wird als das Meisterwerk dieses großen und umstrittenen Künstlers betrachtet und ist die einzige signierte Arbeit.

# Valletta

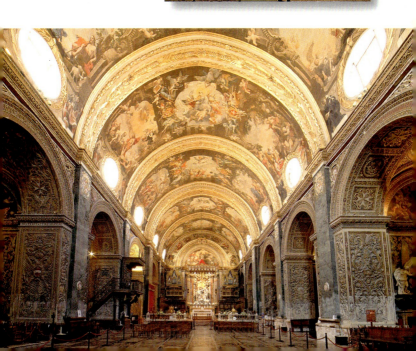

# MALTA

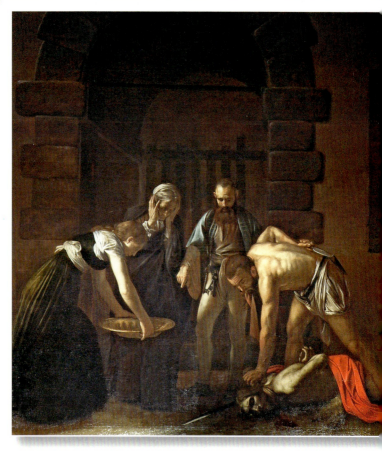

# VALLETTA

## CARAVAGGIO AUF MALTA

Caravaggio floh nach Malta als man ihm aufgrund eines Mordes Gefangenschaft androhte. Hier wurde er im Jahr 1608 vom Großmeister Alof de Wignacourt beauftragt, die „Enthauptung von St. Johannes der Täufer" zu malen. Das Gemälde sollte den Altar zieren der dem Heiligen gewidmet war. Die Szene findet in einem Gefängnis statt, wie es von den Gesichtern der zwei Gefangenen ersichtlich ist, die von hinter einem Gitter her zusehen. Der Körper des Heiligen stellt sehr wahrscheinlich den des Mordopfers dar. Caravaggio schrieb seinen Namenszug in das Blut, das von seinem Hals strömt. Auf Malta wurde Caravaggio am 14. Juli 1608 der Titel „Ritter der Gnade" von dem Orden gewährt; allerdings wurde er schon am 6. Dezember ausgestoßen nach einer Auseinandersetzung (und nachfolgender Verhaftung) mit einem Ritter höheren Ranges.

*Die „Enthauptung des Sankt Johannes der Täufer" von Caravaggio, 1608.*

*Oben, „Sankt Hieronymus" von Caravaggio, 1608. Museum der Co-Kathedrale von Sankt Johannes.*

*Links, Blick of das Oratorium mit Caravaggio's Gemälde „Enthauptung des Sankt Johannes der Täufer".*

## REPUBLIC STREET UND MERCHANTS STREET

Diese zwei parallelen Straßen stellen die Hauptverkehrsstraßen der Stadt dar. Vom frühen Morgen an sind beide sehr belebt. Die **Republic Street** ist länger, höher und breiter und hat viele Bars, Cafes und Geschäfte. Die *St. Barbara-* und die *St. Francis-Kirche* sind hier gelegen. Auf der **Merchants Street** gibt es einen kleinen Markt wo alle möglichen Gegenstände verkauft werden sowie viele Goldschmiede-Studios und Juweliergeschäfte.

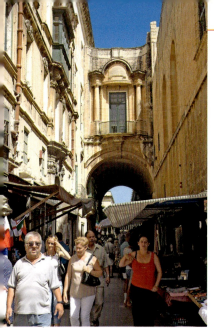

*Oben, täglicher Markt auf der Merchants Street.*

*Links, die typischen maltesischen Karrozin.*

*Unten links, die geschäftige Republic Street.*

*Unten, der Lebensmittelmarkt.*

*Der Salon im Admiralty House, wo das Nationale Museum der schönen Kunst untergebracht ist.*

### NATIONALMUSEUM DER SCHÖNEN KÜNSTE

*South Street* ist eine der elegantesten Straßen der Stadt. Hier steht unter anderem das *Admiralty House*, in dem das **Nationalmuseum der Schönen Künste** untergebracht ist. Es gehört zu den ältesten Gebäuden Vallettas, aber die gegenwärtige Gestalt bekam es zwischen 1761 und 1765. Während der französischen Besatzung wurde es dem Bischof von Malta als Seminar angeboten. Anlässlich der Kapitulation der französischen Garnison wurde „Casa Miasi", wie der Palast damals hieß, vom Kommandanten der anglo-maltesischen Truppen, Kapitän Alexander Ball, besetzt. 1808 erreichten Louis Charles Vicomte de Beaujolais und sein Bruder Louis Philippe, Herzog von Orleans, Malta an Bord des französischen Kriegsschiffes „Voltaire". Sie stiegen in diesem Palast ab, und der Vicomte de Beaujolais starb hier. Das Gebäude wurde 1821 an die britischen Marineautoritäten verpachtet und als offizielle Residenz des Oberbefehlshabers der britischen Mittelmeerflotte benutzt. 1961 wurde der Palast von der Malteser Regierung zurückgekauft. 1974 erhielt das Gebäude seinen alten Glanz zurück und beherbergt seitdem das Museum der Schönen Künste. Gemälde, Skulpturen, Möbel und andere Gegenstände aus der Zeit des Johanniterordens sind dort untergebracht. Zur ständigen Ausstellung gehören Werke von Reni, Valentini, Stormer, Preti, Tiepolo, Favray und Perugino. In einer Sonderabteilung sind Werke von Malteser Künstlern zu sehen. Außerdem werden hier auch Wechselausstellungen veranstaltet.

# MALTA

## AUBERGE DE PROVENCE UND ARCHÄOLOGISCHES MUSEUM

Die Auberge de Provence wurde zwischen 1571-75 nach einem Entwurf des Malteser Architekten Gerolamo Cassar erbaut. Die Fassade wurde in der ersten Hälfte des 17. Jahrhunderts neu entworfen. Die Auberge war die Residenz der Landsmannschaft der Provence, dessen Haupt, der „Grand Commandeur", zugleich Finanzminister des Ordens war. Von 1820 bis 1954 war in dem Haus der britische Offiziersklub untergebracht. Das Gebäude beherbergt heute das **Archäologische Nationalmuseum**. Dieses interessante Museum mit seinem einmaligen Schatz archäologischer Funde aus Malta, bewahrt eine reiche *Sammlung aus prähistorischer Zeit*, wie Keramiken, Statuetten, Steinwerkzeuge, Schmuckstücke aus vorgeschichtlichen und steinzeitlichen Tempeln Maltas. Außerdem sind hier Gegenstände aus phönizischen, punischen und römischen Gräbern zu sehen.

Oben, die „Venus von Malta".
Rechts, die „Schlafende Frau", die im Ħal Saflieni Hypogäum in Paola entdeckt wurde. Unten, ein Raum im Nationalen Archäologischen Museum.

VALLETTA

*Zwei weitere Statuen die im Nationalen Archäologischen Museum ausgestellt sind.*

## DIE AUBERGES

Der Johanniter-Ritterorden war nach Nationalität (langues) in sog. „Lingue" aufgeteilt, die jeweils eine Auberge besaßen, d.h. eine Residenz mit Kapelle, Speisesaal und um einen Hof angeordneten Zimmern. Ursprünglich gab es acht Auberges, die sich alle in Vittoriosa befanden. Die neu gegründete Stadt Valletta wurde ebenfalls mit solchen Auberges ausgestattet, jedoch nur sieben an der Zahl, da Heinrich VIII. infolge seiner Auseinandersetzung mit dem Papst seine englische Landsmannschaft aufgelöst hatte, sodass die englischen Ritter keinen eigenen Sitz in der neuen Stadt erhielten. Die Auberges wurden alle zwischen 1571 und 1590 von Gerolamo Cassar gebaut. Heute sind nur noch fünf erhalten: die **Auberge d'Italie** in der Merchants Street, zugleich Fremdenverkehrsamt, die **Auberge de Provence** in der Republic Street, die **Auberge d'Aragon**, die älteste und vom Baustil her die einfachste, die **Auberge d'Angleterre et Bavière** und die **Auberge de Castille et Léon**.

*Die beeindruckende Fassade der Auberge de Provence.*

# MALTA

*Oben, die elegante Fassade der Auberge De Castille, heutzutage die Büroräume des Ministerpräsidenten. Darüber, der monumentale Eingang.*

### AUBERGE DE CASTILLE

Die **Auberge de Castille, Léon** und **Portugal** ist die größte und wohl schönste aller Auberges, die der spanischen Landsmannschaft vorbehalten war. Sie wurde vom Großmeister des Johanniterordens geleitet.
Das von Gerolamo Cassar 1574 auf dem Platz, der ursprünglich für den Großmeisterpalast ins Auge gefasst worden war, errichtete Gebäude wurde zur Amtszeit des Großmeisters Pinto de Fonseca im Jahre 1744 mehrfach umgestaltet. Von der Präfektur in Lecce beeinflusst, ließ der mit den Umbauten beauftragte Architekt Domenico Cachia eine imposante Fassade anfertigen.

*Das Monument das Alexander Ball gewidmet ist, in den Unteren Barracca-Gärten. Unten, die Kolonnade in den Oberen Barracca-Gärten.*

## BARRACCA-GÄRTEN

Die Gärten waren früher in Privatbesitz sind aber jetzt der Öffentlichkeit zugänglich. Man kann sowohl von den **Oberen** als auch von den **Unteren Barracca-Gärten** eine fabelhafte Aussicht über den Großen Hafen und die Drei Städte genießen. Die Oberen Barracca-Gärten wurden im Jahr 1661 von dem italienischen Ritter Flaminio Barbiani gestaltet. Die zahlreichen Statuen machen die Gärten noch attraktiver, wie etwa die Gruppe *Les Gavroches* von dem maltesischen Künstler Antonio Sciortino und eine *Kolonnade* aus dem 16. Jahrhundert. Es gibt einen entzückenden kleinen *Tempel* in den Unteren Barracca-Gärten, der Alexander Ball gewidmet ist, der die Malteser gegen die Franzosen geführt hatte.

# MALTA

## FORT ST. ELMO

Dort wo im 15. Jahrhundert ein Wachturm stand, wurde 1551 ein erstes Fort errichtet, das 15 Jahre später in der Lage war, den hartnäckigen Angriffen der türkischen Belagerer einen ganzen Monat Widerstand zu leisten. Der Architekt Francesco Laparelli wurde unverzüglich mit der Verbesserung der Festungsanlagen beauftragt, die dem Fort die heutige Gestalt gaben, auch wenn im 17. und 18. Jahrhundert noch einige unwesentliche Umbauten und Erweiterungen vorgenommen wurden.

*Der Eingang zum Fort St. Elmo.*

*Gegenüberliegende Seite, zwei Ansichten des Forts.*

## NATIONALES KRIEGSMUSEUM

Das Nationale Kriegsmuseum wurde 1975 in einigen Räumen des Fort St. Elmo eröffnet. So sind heute im ehemaligen Munitionslager interessante Exponate zu sehen. Hier kann man auch das berühmte „*Georgskreuz*" bewundern, die Tapfer-

*Oben, ein Raum im Nationalen Kriegsmuseum in Fort St. Elmo.*

*Links, eine Gloucester Gladiator, eins der Flugzeuge die im Museum ausgestellt sind.*

keitsmedaille, die der englische König den Maltesern verliehen hat.

# MALTA

## DER KARNEVAL

Eine der besten Zeiten für einen Besuch auf Malta ist die Karnevalszeit. Den Höhepunkt bilden die Feierlichkeiten in Valletta; doch auch in den Orten der anderen Inseln finden besondere Veranstaltungen statt, insbesondere in Nadur auf Gozo. Während des Karnevals füllen sich die Straßen der Städte mit einer bunten Menschenmenge,

die dem Vorbeiziehen der Karnevalswagen beiwohnt. Diese Woche ist zweifellos die beste, um die Lebensfreude und die Fröhlichkeit der Malteser zu erleben.

## BESICHTIGUNG DES GROSSEN HAFENS

Der Große Hafen liegt an einem 4 Kilometer langen Meeresarm. Man kann Bootreisen im Hafen mieten die auch eine Einführung in die Geschichte der Insel bieten. Der Große Hafen wird von Fort St. Elmo (wo der Schaden der 1941 von den italienischen Streitkräften angerichtet wurde, immer noch sichtbar ist) und vom Ricasoli-Fort überwacht.

Von den Tourenbooten her kann man die Wälle und die Oberen und Unteren Barracca-Gärten von Valletta sehen. In Richtung Osten, gegenüber der Hauptstadt, liegen Vittoriosa und Senglea, getrennt durch die Cottonera-Linie, eine 2-Kilometer lange Wand die im Jahr 1670 zu Verteidigungszwecken gebaut wurde. Das ganze Gebiet wird von Fort St. Angelo bei Vittoriosa übersehen.

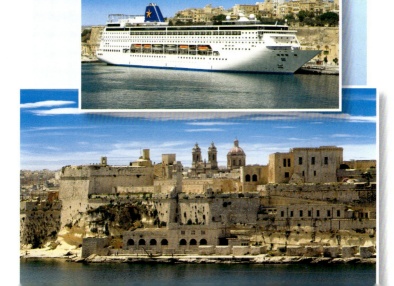

MALTA

# SLIEMA UND ST. JULIAN'S

*Sliema und St. Julian's sind die Haupt-Tourismuszentren auf Malta. Beide Städte bieten alle Arten von Unterhaltung an in den zahlreichen Hotels, Restauranten, Geschäften, Bars und Clubs.*

*Warme Wintersonne am Meeresufer von Sliema.*
*Unten, Garten der Unabhängigkeit in Sliema.*

Um die 1850er Jahre herum wurde **Sliema** ein Sommer-Erholungsort für die Wohlhabenden und der Erholungsort entwickelte sich bald in eine Stadt. Die Reichen bauten ihre Villas auf dem Bergzug, entfernt von dem raüheren Bezirk wo die Fischerleute lebten. Als die britischen Soldaten abreisten, zogen die Touristen ein und die Häuser von Sliema - sowohl die Villas als auch die Hütten - wurden abgerissen, und Wohnblöcke und Hotels tauchten an ihrer Stelle auf. Ein Fort, das 1872 von den Briten gebaut wurde, ist heutzutage eine exzellente Pizzeria. Die Promenade ist wahrscheinlich der am dichtesten bevölkerte Bezirk der Insel, wenn

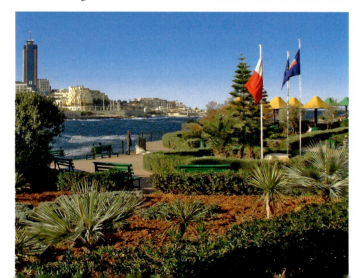

*Die Kirche von Sliema und ein Teil des Strands in dieser attraktiven Stadt.*

*Unten, Blick auf St. Julian's und den Hafen.*

Spaziergänger an kühlen Sommerabenden die Seebrise genießen. Der Vorort **St. Julian's** kann auf eine ältere Abstammung Anspruch erheben. Ursprünglich erhob sich dieses Dörfchen um die alte, St. Julian's gewidmete Kirche herum, dem Schutzheiligen der Jagd (zuerst gebaut im Jahr 1580, aber oft wiederaufgebaut). Die *Jagdhäuser* der Ritter sind alle verschwunden, außer dem von Bali' Spinola, der der Umgebung des Fischereihafens von St. Julian's seinen Namen gab. Wo früher mal die alten Jagdhäuser standen, gibt es jetzt zahlreiche Hotels, Restaurante und Wirtschaften, die St. Julian's zum geschäftigsten und beliebtesten Fremdenverkehrsort in Malta machen, besonders bei den Jüngeren.

# MALTA

*Links, der Portomaso-Turm in St. Julian's, das höchste Gebäude auf Malta.*

*Oben und unten, zwei Aussichten auf St. Julian's.*

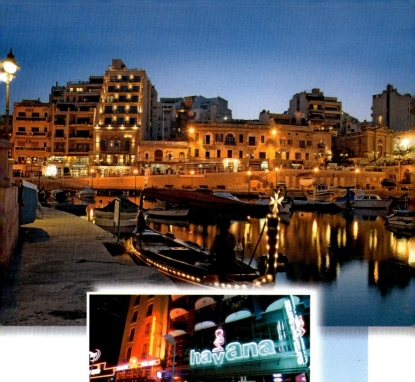

## PACEVILLE - MALTA BEI NACHT

*Oben, St. Julian's bei Nacht.*

*Bars und cafés in Paceville.*

Paceville hat sich in den 30er Jahren des 20. Jahrhunderts als Distrikt von St. Julian's entwickelt und ist heutzutage das Zentrum von Malta's Nachtleben. Der Vorort, der auf einem Hügel zwischen der Spinola-Bucht und der St.-Georg-Bucht liegt, ist voll gepackt mit zahlreichen Restaurants, Diskotheken und Bars. Paceville hat auch ein elegantes Kasino. Nachtschwärmer werden hier jede Menge Unterhaltung finden.

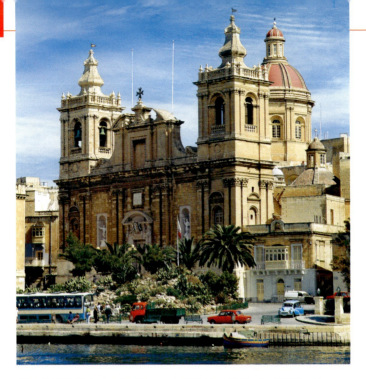

*Die prächtige Kirche von Sankt Lorenz in Vittoriosa. Unten, Birgu, Blick von Senglea. Unten, die Halbinseln von Birgu und Senglea im Großen Hafen.*

*Gegenüberliegende Seite, Ansicht von Vittoriosa.*

# DIE DREI STÄDTE: VITTORIOSA, SENGLEA UND COSPICUA

*Historisch trugen sie verschiedene Bezeichnungen, sind aber heute allgemein unter den Namen Vittoriosa, Senglea und Cospicua bekannt.*

Aus der bescheidenen Siedlung *Birgu* (heute Vittoriosa) wurde später ein kleines Fischerdorf, das sich hinter einer alten Festung auf der äußersten Spitze der Landzunge ausweitete. Dieses Kastell, **Castrum Maris** oder **Castell'a Mare**, wird in vielen mittelalterlichen Urkunden erwähnt. Als die Johanniter 1530 hier ankamen, beschlossen sie, sich in Birgu niederzulassen, da das größere Mdina zu weit im Inneren der Insel gelegen war, und befestigten das Dorf. Kurz danach wurde auch die „*Isla*" genannte Nachbarinsel mit Bastionen ausgestattet. Der Ort begann sich zu bevölkern und nahm zu Ehren des damaligen Großmeisters Claude de la Sengle die Bezeichnung **Senglea** an. Während

# MALTA

*Der schöne Palast am Kai von Xatt-ir-Riżq wo das Schifffahrtsmuseum von Birgu untergebracht ist.
Links, eins der Modelle die im Museum ausgestellt sind.*

der Großen Belagerung 1565 bewiesen die Bewohner von Birgu und Senglea so großen Mut, dass sie die Ehrenbezeichnungen „**Vittoriosa**" (Die Siegreiche) und „**Invitta**" (Die Unbezwungene) erhielten. Die Siedlung, die später zwischen Birgu und Senglea entstand, hieß ursprünglich „**Bormla**", und wurde, als die Großmeister in der Folgezeit die drei Städte mit einem mächtigen Befestigungswerk umgaben, auf den Namen „**Cospicua**" (Die Bemerkenswerte) getauft.

Als Valletta gegründet wurde, verlegten die Großmeister ihren Ordenssitz von Birgu in die neue Hauptstadt, doch blieben die Drei Städte weiterhin Schwerpunkt der Schifftätigkeit des Ordens, denn hier lagen die Werften und die Arsenale, und hier waren die Malteser Matrosen und Schiffslieferanten ansässig. Kaufleute mehrerer Nationalitäten lebten in den Drei Städten und betrieben Handel mit Sklaven und anderen Waren, die von den Korsaren und Galeeren des Ordens erbeutet wurden. Der weltbürgerliche Charakter der Drei Städte ist immer noch sichtbar denn in diesem Teil der Insel gibt es mehr „ausländische" Nachnamen als in jedem anderen. Unter britischer Herrschaft waren die Drei Städte ein Bienenkorb der Geschäftigkeit als der Große Hafen zum Heimatstandort der britischen Mittelmeerflotte wurde und zur gleichen Zeit siedelten mehrere reiche maltesische Reeder-Familien in Birgu und Senglea. Die Hafenanlagen wurden erweitert und vermehrt, und das Castell'a Mare, welches die Ritter auf **Fort St. Angelo** umbenannt hatten, wurde jetzt eine Küsteneinrich-

tung der Kriegsflotte mit dem Namen H.M.S. St. Angelo.
Durch ihre räumliche Nähe zu militärischen Einrichtungen litten die Drei Städte fürchterlich infolge von feindlichen Bombenangriffen während des Zweiten Weltkriegs, insbesondere Senglea. Die Einwohner wurden evakuiert in die relative Sicherheit der Provinz, aber viele historische Gebäude wurden unreparierbar beschädigt oder vollkommen zerstört. Mit der Gewährung der Unabhängigkeit und der nachfolgenden Schließung des Militärstützpunkts (eine Wiedergabe der Abschiedszeremonie ist auf einem Bronzetableau festgehalten) nahmen Öltanker und Frachter den Platz

*Oben, die Kirche von Sankt Lorenz in Birgu.*

*Links, der Innenhof des Palastes des Inquisitors, Vittoriosa.*

*Unten, zwei Werke im Nationalen Museum der Ethnographie, das im Palast untergebracht ist.*

*Unten rechts, ein Detail der Spitzbögen im Hof des Palasts.*

# MALTA

der Zerstörer und Kreuzer in der Werft ein. Trotz des Blitzkriegs hat Birgu dem Besucher immer noch viel zu bieten, wie etwa mancherlei Häuser aus dem 16. Jahrhundert, in denen die Ritter nach ihrer Ankunft ihren Wohnsitz aufnahmen: der **Palast des Inquisitors**, die prachtvolle **St. Lorenz-Kirche** und das **Schifffahrtsmuseum**. Der *Palast des Inquisitors* wurde im Jahr 1660 gebaut; er ist einer der sehr wenigen noch erhaltenen Beispiele dieses besonderen Architekturstils in Europa und hat wahrscheinlich überlebt, weil er seine ganze fünf Jahrhunderte lange Geschichte lang immer hochgestellte Beamte beherbergt hatte. Der Palast ist ein architektonisches Meisterwerk und heutzutage ist dort das **Ethnografische Museum** untergebracht. Die *St. Lorenz-Kirche* wurde auf der Stätte einer älteren mittelalterlichen Kirche gebaut. Sie brannte ab, wurde aber im Jahr 1681 von Lorenzo Gafà vollkommen wieder aufgebaut. Die zwei Türme wurden später hinzugefügt, allerdings geht der linke Turm auf das 18. Jahrhundert zurück, während der andere im 20. Jahrhundert gebaut wurde. Im *Schifffahrtsmuseum* werden Schiffsmodelle, Gemälde, nautische Instrumente und Waffen ausgestellt, die Malta's Seefahrtsgeschichte veranschaulichen. Zwei Räume sind auch der Geschichte der Kriegsmarine der St. Johannes-Ritter und der britischen Kriegsmarine gewidmet. Für energetische Personen kann ein Spaziergang mit der Kamera um die **Bastion von Senglea** lohnenswert sein.

*Ausblick auf Senglea.*

# DIE DREI STÄDTE

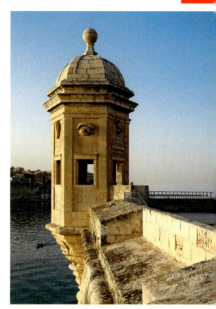

*Zwei Aussichtstürme auf den Wällen von Senglea.*

*Eine Aussicht und ein Monument, das der Unbefleckten Empfängnis gewidmet ist, in Cospicua.*

# MALTA

## VITTORIOSA UND DIE GROSSE BELAGERUNG

Im Jahr 1565 belagerten die Türken die Insel Malta mit einem stattlichen Heer. Die zahlenmäßig deutlich unterlegenen Truppen der Ritter waren vor allem in den befestigten Städten Vittoriosa und Senglea ansässig. Entgegen aller Vorhersagen dauerte die Belagerung sehr lange. Vittoriosa spielte dabei eine wichtige Rolle: als Beispiel für den Widerstand gegen den Feind war es eine große Hilfe für die anderen Städte. Vittoriosa und alle anderen wichtigen Städte Maltas erlitten zahlreiche Angriffe, doch am Ende gelang es ihnen, die Türken zu besiegen, die sich schließlich am 8. September zurückzogen. Noch heute wird an diesem Datum der „Tag des Sieges" gefeiert: im Grand Harbour (Großer Hafen) findet eine Regatta zwischen den Mannschaften der sechs Dörfer, die auf diese Einbuchtung blicken, statt.

## PAOLA UND DAS ĦAL SAFLIENI HYPOGÄUM

Paola ist in dem am weitesten inland gelegenen Teil des Großen Hafens gelegen und nach dem Großmeister Antoine de Paule benannt, der es im Jahr 1626 gegründet hatte. Die Stadt ist besonders bekannt für das **Ħal Saflieni Hypogäum**, das zwischen 4100 und 2500 v. Chr. gebaut und 1902 von einer Gruppe von Arbeitern entdeckt wurde. Das Hypogäum besteht aus drei Ebenen, obwohl nur die zwei Ersten besichtigt werden können. Die Struktur wurde sowohl als Grabstätte benutzt (die Überreste von etwa 7000 Menschen wurden hier gefunden) als auch als Tempel, wo wahrscheinlich Fruchtbarkeitsriten stattfanden, wie die Charakteristika der zahlreichen Statuen, die hier gefunden wurden, anzudeuten scheinen (z. B. die Figur der „*Schlafenden Frau*" die im Natio-

*Oben, die Christus-König-Kirche in Paola, wo das Hypogäum liegt.*

*Darüber, der Eingang zum Hypogäum von Ħal Saflieni.*

nalen Archäologischen Museum von Valletta untergebracht ist). Die **Orakelkammer** ist besonders interessant: das Dach ist mit einem Baum-Motiv dekoriert, welches den Lebensbaum darstellt, und eine kleine Nische amplifiziert die Stimme und erzeugt gleichzeitig ein Echo. Wahrscheinlich standen die Priester auf diesem Platz als sie ihre Orakel verkündeten.

# MALTA

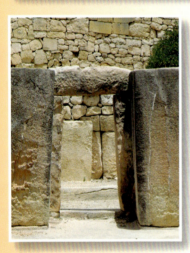

*Die archäologische Stätte von Tarxien.*

## DIE TEMPEL VON TARXIEN

An keinem anderen Ort auf Malta lässt sich die Entwicklung der prähistorischen Tempelanlagen besser ablesen als an den **Megalithtempeln** von Tarxien. Der erste Tempel, heute eine Ruine, ist der älteste und geht etwa auf das Jahr 2200 v. Chr. zurück, während der jüngste 400 Jahre später entstanden ist. Die *Spirale* als Dekorationsmotiv findet man vielerorts in Europa, von den nordatlantischen Küsten bis zur Ägäis; doch ist das Spiralmuster in Tarxien sonderbarerweise eine eigene Erfindung. Im Inneren dieser Tempel hat man die für die

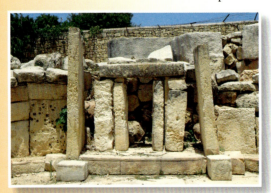

## Tempel von Tarxien

damalige Zeit größte **Kolossalstatue aus Stein** gefunden. Von der ursprünglich 2,50 m hohen Statue, die vermutlich eine *Magna Mater* darstellt, ist leider der obere Teil abhanden gekommen. Es wurden viele Vermutungen angestellt über die Bedeutung der dickleibigen Frauenstatuen, wie man sie in fast allen Malteser Tempelanlagen gefunden hat und bei denen es sich vermutlich um Fruchtbarkeitsgöttinnen handelte. Nachdem die Tempel etwa 200 Jahre lang verlassen gelegen hatten, fanden sie um 1800 v. Chr. von Völkern der Bronzezeit als Verbrennungsstätten und Aufbewahrungsorte für die Asche ihrer Toten wieder Verwendung.

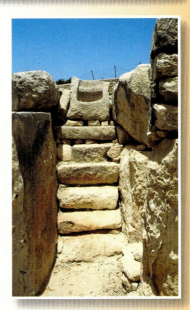

# MARSAXLOKK

*Im Südosten der Insel liegt der kleine pittoreske Hafen Marsaxlokk, wo die bunt gestrichenen Fischerboote im Wasser schaukeln und die Fischerfrauen für Touristen Netztaschen anfertigen.*

Aber Marsaxlokk stellt auch so etwas wie einen Mikrokosmos der Inselgeschichte dar. Nicht weit vom Dorf entfernt befindet sich die **Ausgrabungsstätte Tas-Silġ**, in der noch gearbeitet wird. Hier hat man *Gebäudereste* freigelegt, die der Megalithkultur der späten Jungsteinzeit angehören, durch punische und byzantinische Überlagerungen jedoch stark beschädigt sind. Außerdem sind hier die *Überreste der einzigen Moschee der Insel* zu sehen. Der Orden hatte am Hafeneingang ein Fort errichtet, um den Korsaren die Landung zu verwehren. Es handelt sich um das *St. Lucian' Fort*, das im zweiten Weltkrieg als Munitionslager benutzt wurde. Heute ist hier ein Zentrum für Marineforschung untergebracht. Die Marsaxlokk Bay, an der auch der Fischerhafen liegt, entwickelt sich zunehmend zu einem Containerhafen.

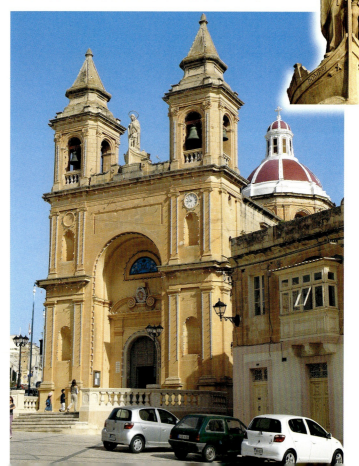

*Oben, Aussicht auf den Hafen
von Marsaxlokk mit den 'luzzu',
charakteristischen Fischerbooten.
Rechts, einige Souvenirs von Malta.
Unten, der Sonntagsmarkt von
Marsaxlokk: ausser Fisch
und anderen Nahrungsmitteln
werden hier auch attraktive
Souvenirs des Archipels verkauft.*

*Gegenüberliegende Seite,
die Kirche Unserer Frau von Pompei,
Marsaxlokk und ein Detail
der Statue über der Fassade.*

# MALTA

## CHARAKTERISTISCHE MALTESISCHE BOOTE

Diese farbenfrohen Boote, die auf die phönizischen Schiffe zurückgehen, sind eines der Wahrzeichen von Malta. Das **Luzzu** ist das traditionelle Boot der Fischer. Die **Dghajsa**,

## MALTESISCHE BOOTE

die an die venezianischen Gondeln erinnert, jedoch bunter ist, diente früher dem Transport von Personen und Waren. Heute sieht man sie nur noch im Grand Harbour (Großer Hafen). Den Bug dieser Boote schmückt das sogenannte „**Auge des Osiris**", ebenfalls phönizischer Herkunft, das den Schutz vor allen Gefahren des Meeres symbolisiert.

# MALTA

*Die Höhle von Għar Dalam, wo zahlreiche Fossilien von Tieren gefunden wurden.*

*Links, ein Skelett das im Museum von Għar Dalam ausgestellt ist.*

## GĦAR DALAM

In Urzeiten, als die maltesischen Inseln noch ein Anhängsel der italienischen Halbinsel waren, lebten hier Tiere wie Elefanten, Flusspferde, Hirsche und Füchse. Als sich dann die Meere hoben und die Erde senkte, beziehungsweise diese Erscheinungen gleichzeitig auftraten, wurden die Inseln vom Festland abgetrennt, und viele Tiere blieben dort „gefangen". Dies geschah vor rund 10.000 Jahren, und nicht im Verlauf des Pliozäns (11.000 bis 12 Million Jahre), wie man anfangs vermutete. Im Laufe der Jahrhunderte erfuhren die zwangsläufig auf den Inseln festgehaltenen Tiere eine stufenweise Evolution und entwickelten eine Zwergform, als Folge eines Degenerationsprozesses, bei dem sie sich an die Umwelt anpassten. **Knochenfossilien** wurden in Grotten und Felsspalten an verschiedenen Stellen der Insel gefunden, aber die größte Anhäufung, die man bis heute entdeckt hat, befindet sich hier in Għar Dalam.

1917 fand man sogar **zwei menschliche Backenzähne** in dieser Höhle, und man glaubte damals, einen Neandertaler vor sich zu haben. Heute hat man diese Backenknochen jedoch einer sehr viel späteren Epoche zuordnen können, die in keinem Zusammenhang steht mit der Zeit, als die Tiere starben und ihre Skelette durch den Wasserstrom nach Għar Dalam gespült wurden. Damals gab es auf Malta überhaupt noch keine Menschen. Der Steinzeitmensch nutzte Għar Dalam um 4000 v. Chr. als Höhlenwohnung, und zu jener Zeit waren diese Tiere auf dem Archipel bereits ausgestorben.

# WIED IŻ-ŻURRIEQ, DIE BLAUE GROTTE UND DIE DINGLI CLIFFS

Die Westküste von Malta ist steil und schroff, aber an manchen Stellen bilden sich in den Kliffs felsige Abhänge, die bis zum Meeresspiegel hinabreichen. Eine dieser seltenen Öffnungen ist **Wied iż-Żurrieq**. Ähnlich wie ein kleiner Fjord bietet dieser schmale Meeresarm den Booten Schutz, wenn das Wetter gut ist, aber beim ersten Anzeichen eines Sturmes müssen sie auf einer steilen Planke ins Trockene gezogen werden. In Wied iż-Żurrieq wurden die Boote früher – und werden auch heute noch – für die Fischerei verwendet, aber dann haben die Fischer erkannt, dass es sehr viel einträglicher ist, den Touristen die in der Nä-

*Oben, die Blaue Grotte.*
*Unten, Touristen unterwegs,*
*um diese berühmte Grotte zu besuchen.*

# MALTA

*Oben und links, zwei Ansichten der Dingli-Klippen.
Oben und rechts, noch mehr Ansichten der Blauen Grotte.*

he befindliche **Blaue Grotte** zu zeigen. Diese tiefe Meeresgrotte mit einem unglaublich intensiv blauen Grund ist den Fischern seit jeher bekannt. So stiegen die Leute im zweiten Weltkrieg, sobald der Alarm einsetzte, in ihre Boote und flüchteten in die sichere Höhle.

Nördlich von der Blauen Grotte stößt man auf die **Dingli Cliffs**, die vor allem vom Wasser aus einen überwältigenden Anblick bieten. Hier steht eine kleine *Kapelle*, die zu Ehren der heiligen Maria Magdalena erbaut wurde. Der Ort ist im Übrigen der höchste Punkt der Insel. An den Hügelhängen wird Terrassenkultur betrieben.

# Wied iż-Żurrieq

# MALTA

## ḤAĠAR QIM

Diese **Tempelanlage** aus der Kupferzeit wurde um 2700 v. Chr. errichtet, erfuhr aber bereits in der Frühzeit verschiedene Veränderungen. Aus bisher unbekannten Gründen verlagerte man die Achse des ersten Tempels, der dann in mehreren Phasen erweitert wurde. Für den Bau verwendete man Globigerinenkalk, ein ziemlich weiches Material, das sich relativ leicht bearbeiten lässt. Dies ist vermutlich auch der Grund, weshalb man

*Ansichten des Tempels von Ḥaġar Qim.*

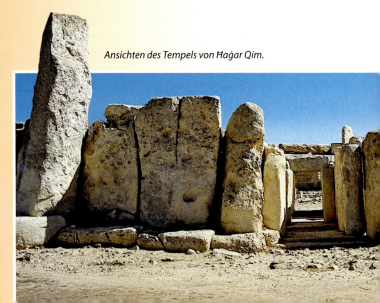

# Ħaġar Qim

in Ħaġar Qim so viele türähnliche Durchgänge findet. Ein im Außenbereich des Tempels befindlicher **Monolith** wurde als Symbol des Phalluskultes gedeutet, der vermutlich im Tempel vollzogen wurde. Ein **Säulenaltar**, der mit einem eingemeißelten Palmzweig verziert ist, wurde in diesem Tempel, und nur hier, gefunden; möglicherweise stammt die Säule jedoch nicht aus dieser Kultstätte und wurde erst später hinzugefügt.

# MALTA

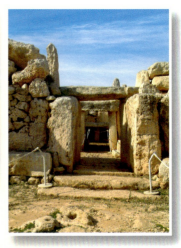

## MNAJDRA

Nachdem man erkannt hatte, dass Globigerinenkalk nicht sehr witterungsbeständig war, haben die Erbauer von Mnajdra wahrscheinlich für den Tempel den härteren Korallenkalk verwendet, der jedoch schwerer zu bearbeiten war, während die Innenwände aus einem weicheren Baumaterial bestehen.

Der am besten erhaltene der **drei Tempel** von Mnajdra beeindruckt vor allem durch die *geheimen Nischen* oder *Ausbuchtungen* in den dicken Mauern, die mit dem Tempelinneren durch Wandöffnungen verbunden sind. Man nimmt an, dass vor diesen Öffnungen einst Götterstatuen standen und dass der in der Nische verborgene Priester den Gottheiten seine Stimme lieh, um zu den Gläubigen zu sprechen und Orakel zu verkünden. Möglicherweise fanden in diesem Tempel Heilungsriten statt, denn man hat anatomische Teile des menschlichen Körpers aus Terrakotta gefunden, an denen Krankheitssymptome zu erkennen waren.

*Der Megalithkomplex von Mnajdra.*

*Blick auf Mdina, die alte Hauptstadt von Malta.*

# MDINA

*Die Araber teilten die antike römische Stadt Melita in zwei Teile: die Zitadelle Mdina (ummauerte Stadt) und das übrige Stadtgebiet Rabat (Vorort), zwei Namen, die sich bis heute erhalten haben.*

Im Mittelalter war Mdina Sitz der Stadtregierung und wichtiges Verwaltungszentrum wie auch Sammelpunkt für die Miliz im Falle feindlicher Angriffe. In dieser Zeit errichteten viele religiöse Orden Klöster vor der Stadtmauer von Mdina und gründeten in Rabat und Umgebung ihre Niederlassungen. Mit der Ankunft des Johanniterordens (1530) trat Mdina in den Hintergrund, da die Ritter die Hafennähe bevorzugten, wo ihre Galeeren geschützt waren. Als dann Valletta gegründet und 1571 zur Hauptstadt der Malteser Inseln wurde, taufte man Mdina wieder in *„Alte Stadt"* um. Einige Bewohner von Mdina wanderten in die neue Stadt aus. Geblieben sind vor allem die aristokratischen Familien Maltas, die noch die Paläste ihrer Ahnen bewohnten. Diesem Umstand ist es zu verdanken, dass ein Großteil der alten Paläste und Häuser des 14. und 15. Jahrhunderts erhalten sind. Die alten maltesischen Aristokratenfamilien besaßen große ländliche Grundstücke und schon seit uralter Zeit kamen Bauern am traditionellen Datum des *Mnarja*-Fests (ein sehr altes Erntedankfest, das nach der Christianisierung in das Fest der Heiligen Peter und Paul umgenannt wurde) nach Mdina um diesen Adeligen ihre Jahresabgaben zu leisten.

Dieses Fest fand, und findet heute immer noch, unter den Bäumen des **Buskett** statt, der einzigen Vegetation auf Malta die einem Wald ähnelt. Hier hatten

im Jahr 1586 die Großmeister ein Jagdhaus und Sommer-Ruhesitz gebaut, der als **Verdala**-**Burg** bekannt ist. Weil unter römischem Recht Begräbnisse innerhalb der Stadt verboten waren, lagen die Katakomben außerhalb der Stadtmauern von Melita und der Überlieferung nach lag hier auch die Höhle in der Sankt Paulus drei Monate lang gefangen gehalten wurde.

Der **Haupteingang** der Stadt wurde 1724 von Großmeister De Vilhena anstelle einer früheren, heute vermauerten *Zugbrücke* errichtet, deren Profil jedoch noch wenige Meter weiter, rechts vom heutigen Stadttor, erkennbar ist. Eine mit auf Löwen ruhenden Waffentrophäen geschmückte schmale *Steinbrücke* führt über einen Graben, den die Araber

*Oben, das Haupteingang von Mdina.*
*Links, ein typisches mittelalterliches Haus.*
*Unten links, Detail eines Palasts in der Stadtmitte von Mdina.*
*Unten, ein Souvenirgeschäft.*

# MDINA

*Blick auf die Stadt.*

angelegt hatten; der Löwe gehörte zum Wappen des Großmeisters De Vilhena. An der Außenseite befinden sich eine *lateinische Inschrift* mit dem Datum und Angaben über den Bau des neuen Tores sowie eine fein skulptierte Steintrophäe, die mit Kriegs- und *Triumphsymbolen* und den Waffen des Großmeisters aus weißem Marmor verziert ist; oben prangt das *Wappen von Medina* und De Vilhena. Mehrere *Steinreliefs* erinnern an die Stadtpatrone Paulus, Publius und Agatha. Wunderschöne Gebäude und Monumente sind der Schmuck dieses Städtchens, unter anderem der **Vilhena Palace** (**Großmeisterpalast**), heute Sitz des Museums für Naturgeschichte, und die eleganten Palais an der **Villegaignon Street**, wie auch die **Kathedrale** mit ihren imposanten und schlichten Bauformen.

*Die elegante Fassade der Sankt-Paulus-Kathedrale.
Unten, eine der zwei Türme die die Fassade einrahmen.*

## KATHEDRALE VON SANKT PAULUS

Traditionsgemäß wurde Malta's erste Kathedrale der Heiligen Jungfrau gewidmet, der Mutter Gottes; sie wurde während der muslimischen Periode demontiert und später wieder aufgebaut und nach der normannischen Eroberung auf St. Paul umgewidmet. Diese alte Kirche wurde mehrmals umgestaltet und vergrößert. Im Jahr 1419 wurde ein horizontaler Flügel an das Gebäude angefügt; 1626 baute der Bischof Baldassarre Cagliares eine Nische an der Rückseite an, und im Jahr 1679 legte der Bischof Molina den ersten Stein zum Altarraum, der am 28. Juni 1682 eingeweiht wurde.

Das furchtbare Erdbeben vom 11. Januar 1693 zerstörte die al-

# MDINA

*Details vom Inneren der Kathedrale: die Orgel, der Hochaltar, eine Seitenkapelle und die Gewölbe des Mittelschiffs mit Freskos, die das Leben des Heiligen Paulus illustrieren.*

# MALTA

te Kathedrale fast vollkommen, abgesehen von der Sakristei und dem neu gebauten Altarraum. Der letztere war schon mit einem schönen **Altarbild**, einem **Gemälde**, das *Konvertierung des Heiligen Paulus* und einem **Fresko**, das den *Schiffbruch des Heiligen Paulus* darstellt, und *fünf weitere Arbeiten*, die alle von Mattia Preti (1613-1699) gemalt wurden. Diese haben glücklicherweise das Erdbeben überlebt.

Der Bau einer größeren Kathedrale im neuen Barockstil wurde unverzüglich in die Hand genommen und dem maltesischen Architekten Lorenzo Gafà anvertraut, der elf Jahre vorher die Chorapsis gebaut hatte.

Ein neuer Plan war nicht nötig: Gafà hatte vorher den Plan und das Holzmodell für eine Kirche im neuen Barockstil vorgelegt und das Stift hatte sein Modell begutachtet und am 18. Mai 1692 genehmigt, acht Monate vor dem Erdbeben.

Die neue Kathedrale wurde im Oktober 1702 vollendet und von dem Bischof Cocco Palmieri (1684-1713) eingesegnet, dessen Familienwappen, zusammen mit denen des herrschenden Großmeisters Fra Ramon Perellos (1697-1720) und der Stadt von Mdina, wurde auf der Fassade über dem Haupteingang angebracht.

*Detail des barocken Eingangs zum Museum der Kathedrale von Mdina.*

*Der Palast des Stifts wo das Museum der Kathedrale gelegen ist.*

## KATHEDRALMUSEUM

Das Kathedralmuseum am Archbishop Square ist ein imposanter Barockpalast, der reiche **Sammlungen mit Kunstwerken und archäologischen Material** wie auch bedeutende Archive enthält.
Das 1744 fertiggestellte Gebäude war als Diözesan-Seminar geplant und diente diesem Zweck bis in die erste Dekade unseres Jahrhunderts. Es wurde sodann von verschiedenen kirchlichen und schulischen Institutionen genutzt, bis es am 5. Januar 1969 durch Sir Maurice Dorman, dem Generalgouverneur von Malta, als Kathedralmuseum eröffnet wurde.

Der überwiegende Teil der Kunstsammlung stammt aus dem **Nachlass des Grafen Saverio Marchese** (1757-1833). Ein großer Raum dient der Ausstellung von Neuerwerbungen, wird aber auch lokalen Künstlern für Ausstellungen ihrer jüngsten Werke und für monographische Ausstellungen zur Verfügung gestellt.

*Oben, ein Gemälde der umbrischen Schule welches „Die Heilige Katharina von Siena" darstellt.*

*Rechts, das „Sankt Paul Polyptychon", ein Meisterwerk in der Gemäldegalerie des Museums. Es war bis 1682 eine Altarplatte in der alten Kathedrale und wurde dann durch ein Gemälde von Mattia Preti ersetzt.*

*Unten, eins der Werke die im Museum ausgestellt sind.*

# MALTA

## MUSIK UND FOLKLORE

Auf Malta kann man viel Musik hören, die an die lokale Folklore gebunden ist. Jeder Ort besitzt mindestens eine Musikkappelle: diese sehr verbreitete Musikart ist eine der Hauptattraktionen auf den Sommerfesten und den Festen zu Ehren der Patronatsheiligen. Großen Erfolg haben auch die Aufführungen der Gruppe Etnika, die maltesische Volksmusik mit historischen Instrumenten in moderner Auslegung spielt. Sehr wichtig ist außerdem das **Malta Jazz Festival**, das jedes Jahr auf den Bastionen von Valletta mit Gästen von internationalem Ruhm stattfindet.

# Musik und Folklore

# MALTA

# RABAT

*Sowohl Rabat als auch Mdina sind hoch gelegene Bergstädte, die das gesamte Inselland und darüber hinaus das Meer überschauen.*
*Beide Städte sind seit Jahrtausenden bewohnt.*

Rabat bewahrt noch einen Großteil der antiken römischen Stadt Melita, der die Araber das heutige Aussehen verliehen. Eines dieser Zeugnisse ist das römische Stadthaus mit einem wunderschönen Mosaikfußboden, das einst zu Melita gehörte und heute in Rabat das *Museum für römische Antiquitäten* beherbergt.

In der Römerzeit besaß Melita zahlreiche Paläste und Tempel. Was von ihnen erhalten ist (Inschriften, Säulen, Kapitelle und Mosaiken) ist heute im Museum ausgestellt. Das Gebiet um Rabat ist stark vom Christentum geprägt. Im Jahr 60 n. Chr. erlitt der Apostel Paulus, der sich in Gefangenschaft befand und nach Rom gebracht wurde, vor diesen Küsten Schiffbruch und soll angeblich hier drei Monate lang in einer Grotte vor den Mauern der alten Römerstadt gelebt und sogar sein Evangelisierungswerk fortgesetzt haben. Später wurde dieser Ort dem hl. Paulus gewidmet. Man baute eine Kirche, die im Mittelalter von einem großen Friedhof umgeben war. Im Übrigen trifft man in dem gesamten Areal jenseits des Grabens, zwischen

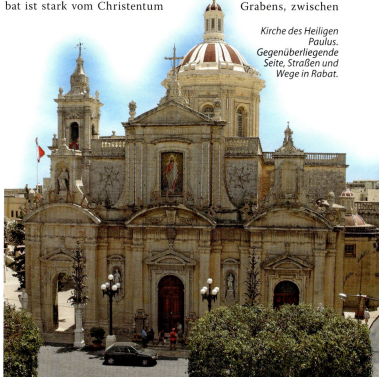

*Kirche des Heiligen Paulus.*
*Gegenüberliegende Seite, Straßen und Wege in Rabat.*

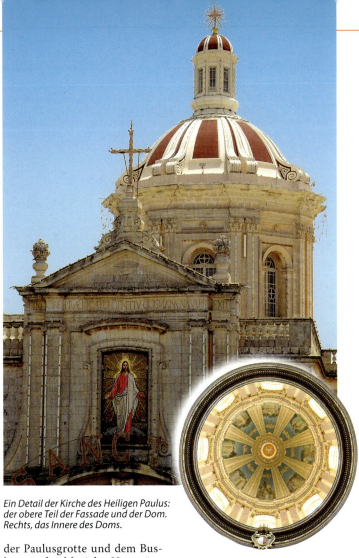

*Ein Detail der Kirche des Heiligen Paulus: der obere Teil der Fassade und der Dom. Rechts, das Innere des Doms.*

der Paulusgrotte und dem Buskett, auf zahlreiche Hypogäen und Begräbnisstätten heidnischen, judäischen oder christlichen Ursprungs, die von den Phöniziern, Griechen, Römern und Byzantinern in den gewachsenen Fels gehauen wurden. Alle diese Gräber weisen eine Vielfalt an architektonischen Elementen auf. Die bedeutendsten Grabstätten sind die **Komplexe der St.-Paulus-Katakomben und St.-Agatha-Katakomben** in der Gegend von Hal-Bajjada. Noch vor Ankunft der Johanniter war Rabat Zentrum mehrerer religiöser Orden, die ihre Häuser gern in Stadtnähe, aber doch in einer der klösterlichen Meditation förderlichen Abgeschiedenheit errichteten. Die Johanniter, die hauptsächlich in Vittoriosa und in Valletta angesiedelt waren, schufen nur wenige Bauten in Rabat und trugen auch nicht sonderlich viel zur Verschönerung

# RABAT

*Einige Statuen in der Sankt-Paulus-Kirche. Rechts, der Hochaltar.*

dieser Gegend bei. Heute besitzt Rabat neben Schulen und Colleges verschiedene soziale und kulturelle Vereinigungen, einen sehr belebten Markt (am Sonntag Vormittag) und Spielplätze. Außerdem ist Rabat der ideale Ort für Spaziergänge in freier Natur.

## KIRCHE DES HEILIGEN PAULUS

Der Hauptplatz von Rabat wird überragt von der **Kirche des Heiligen Paulus**. Sie steht auf dem Platz, wo früher das Haus des römischen Statthalters Publius stand, der von St. Paul zum Christentum bekehrt wurde. Die heutige Kirche wurde von Francesco Buonamici gestaltet, der Architekt der den Barockstil nach Malta brachte, und wurde von Lorenzo Gafà zwischen 1656 und 1681 gebaut. Die Kirche ist besonders bekannt für ihre ungewöhnliche *Fassade* mit drei Prachttoren. Im Inneren gibt es viele Kunstwerke zu sehen, die Szenen aus dem *Leben des St. Paul* schildern. Nahe am Haupteingang steht ein Treppenaufgang der zur *Grotte von St. Paul* führt, früher einmal das Reiseziel vieler Wallfahrten.

*Oben, Sankt Paul's Grotte.
Darüber, the Statue des Heiligen.
Rechts, eine Inschrift in der Grotte.*

**GROTTE VON SANKT PAULUS**

Diese liegt im Herzen von Rabat, neben der Kirche des Heiligen Paulus. Der Heilige Paulus soll sich hier vermeintlich aufgehalten haben während er auf Malta war, und Steinen aus dieser Höhle wurden wundertätige Kräfte zugesprochen.

# RABAT

*Oben, der Eingang zu den Katakomben von Sankt Paulus und Sankt Agatha. Oben und rechts, einige Passagen in den Katakomben.*

## KATAKOMBEN DES HEILIGEN PAULUS UND DER HEILIGEN AGATHA

Es lohnt sich wirklich, diese Katakomben zu besuchen. Dies sind *heidnische, jüdische und christliche Katakomben* mit einer reichen Vielfalt von Grabmal-Bauformen. Besonders bemerkenswert sind die Liebesmahl-Tische oder Triklinien; runde, aus dem Fels herausgemeißelte Tische, auf denen am Todestag Erinnerungsfeste gehalten worden sein sollen.

# MALTA

## RÖMISCHES ANTIKENMUSEUM

Das fälschlicherweise „Villa Romana" genannte Museum hat seinen Sitz an der Stelle, wo in der Antike ein prunkvolles Stadthaus einer wohlhabenden Persönlichkeit des römischen Malta gestanden hat. Die erst 1881 ans Licht getretene Stätte wurde in der Folgezeit weiter ausgegraben und 1920 bis 1924 sorgsam restauriert. So konnten wunderschöne farbige **Mosaikfußböden** und einige originale Gebäudeteile geborgen werden. Danach schuf man neue Räume zum Schutz der Mosaiken, einen Ausstellungssaal im Obergeschoss und einen freundlichen Eingangsbereich. So entstand die neue Villa, in der das Museum untergebracht ist. Die klassizistische **Fassade** mit Säulenhalle wurde 1925 vollendet.

*Oben, Vasen, die im Museum ausgestellt sind.*

*Unten, Statuen und römische Säulen, die im Museum ausgestellt sind.*

# RABAT

*Die neoklassische Fassade des Römischen Antikenmuseums.*

*Rechts, wunderbare Mosaik-Gehwege.*

*Unten, ein Mosaikdetail.*

# MOSTA

*Mosta ist in etwa der geographische Mittelpunkt der Insel Malta, und in der Vergangenheit lag diese Stadt weit genug im Landesinneren, um vor den Piratenüberfällen sicher zu sein.*

*Typische Balkone in den Straßen von Mosta.*

*Gegenüberliegende Seite, oben, die Kirche.
Unten, das Innere des stattlichen Doms und der Hochaltar.*

Dank seiner Lage ist Mosta heute ein wichtiger Verkehrsknotenpunkt und eine obligatorische Etappe für alle, die aus dem Süden und östlichen Gebiet den Norden der Insel erreichen wollen. Die Hauptattraktion des Städtchens ist die als **St. Mary** bekannte monumentale Kirche, deren Entwurf mit Zentralgrundriss sich am Pantheon in Rom inspiriert. Die Kirche besitzt die drittgrößte *Kuppel* Europas, die beiden anderen befinden sich in Rom und London. 1833 wurde mit dem Bau der Kirche begonnen, die 1871 geweiht wurde. Der Neubau erfolgte rund um und über einer Vorläuferkirche, die auch während der Arbeiten weiter benutzt wurde. Heute mag die Bauzeit unverhältnismäßig lang erscheinen, doch muss man bedenken, dass der gesamte Bau von freiwilligen Arbeitern in ihrer knappen Freizeit durchgeführt wurde. Deshalb darf man diese Kirche, wie die meisten alten Kirchen Maltas, zurecht als ein echtes Zeugnis des Glaubens betrachten. 1942 schlug eine 500 kg schwere *Bombe* durch die Kuppel und rollte ins Kircheninnere, ohne zu explodieren.

*Die unexplodierte Bombe, die 1942 die Kirche von Mosta traf.*

# Mosta

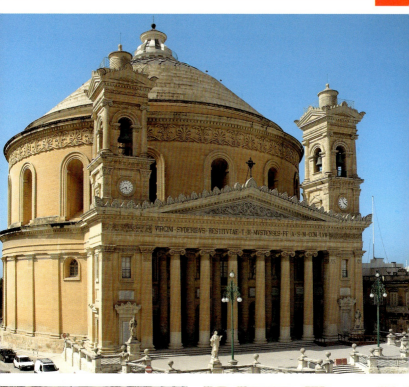

MALTA

# BUĠIBBA

Bis vor wenigen Jahren nur war Buġibba und ihr Fortsatz **Qawra** eine felsige und karge Landzunge ohne besonders interessante Einzelheiten; an ihrer Spitze liegt eine kleine Küstengarnison des Ordens, die einen älteren Wachtturm umringt. Weiter ins Inland hinein liegt ein kleiner **prähistorischer Tempel**, zwar in schlechtem Erhaltungszustand aber recht einzigartig denn er war mit Schnitzarbeiten von Fischen dekoriert. Buġibba und Qawra bilden jetzt die beliebtesten Sommerferienorte im Norden der Insel und sind voll mit dem Lärm und der Betriebsamkeit die einige Urlauber genießen und als „Erholung" ansehen. Der Turm und die Garnison an der Spitze von Qawra wurde jetzt in ein Restaurant umgebaut, während der prähistorische Tempel an Ort und Stelle innerhalb der Einfriedung eines Hotels erhalten ist.

*Unten, Blick auf Qawra.*

*Oben, Blick auf das herrliche Buġibba.*

## ST. PAUL'S BUCHT

St. Paul's Bucht ist eins der älteren Seebäder. St. Paul's ist heutzutage eine Wohngegend, und eine beschauliche Atmosphäre durchdringt immer noch den Ort.

Die kleine Stadt San Pawl il-Bahar (St.-Paul-am-Meer wäre eine genauere Übersetzung als St. Paul's Bucht) hat viele Erinnerungen an ihren Namensvetter - einen der Apostel Christus'. Hier kann man **Għajn Rażul**, die Quelle des Apostels, sehen, wo der Heilige nach seinem Schiffbruch seinen Durst gelöscht haben soll; die **Kirche von tal-Ħuġġieġa**, die Kirche des Freudenfeuers, die den Platz markiert wo der Apostel die Viper in die Flammen geworfen hat, und die **Kirche von San Pawl Milqgħi**, der Platz wo der Heilige Paulus von Publius, dem römischen Statthalter, willkommen geheißen wurde. Etliche Kirchen waren nacheinander auf diesem Platz schon gebaut worden. Interessanterweise kamen auf der untersten Ebene dieser archäologischen Stätte römische Überreste ans Licht.

*Popeye's Dorf in der Anchor Bay.
Unten, die Golden Bay.*

# DER NORDEN: DIE SCHÖNSTEN BUCHTEN UND STRÄNDE MALTAS

Wenn wir von der St. Paul's Bucht weiter in Richtung Norden fahren, erreichen wir die Stadt **Mellieħa** mit Blick auf die *Bucht von Mellieħa*. Der längste Sandstrand von ganz Malta liegt hier, und die ruhigen Wasser der Bucht machen dies zu einem idealen Strand für Familien. Nicht weit von Mellieħa, aber auf der Westküste, liegt die **Anchor Bay**, wo die klaren Wasser voll mit Fischen sind und daher perfekt

*Die Golden Bay mit einem Aussichtsturm der auf das Jahr 1637 zurückgeht im Hintergrund. Unten links, die Buchten von Għajn Tuffieħa und Ġnejna.*

für Taucher. Robert Altman filmte *Popeye* in dieser Bucht. Auch an der Westküste gelegen sind die entzückendsten und berühmtesten Buchten Malta's: die **Golden Bay**, welche den am besten ausgestatteten Strand Malta's darstellt, die **Għajn Tuffieħa Bay** und die **Ġnejna Bay**. Dies sind einige der schönsten Strände auf der Insel, und Seeliebhaber werden ihre Schönheit gewiss schätzen.

# COMINO

*Die kleine Insel Comino hat ihren Namen
von der Pflanze die auf ihrem kiesigen Boden wächst:
wilder Fenchel oder Kreuzkümmel.*

Im Laufe seiner Geschichte war Comino lange Zeit ein recht unsicherer Siedlungsort; trotzdem lebten auf dieser kleinen Insel zwischen Malta und Gozo vorübergehend Menschen. 1416 legten die Malteser König Alfons V. von Aragon ein Bittgesuch vor für den Bau eines **Turmes** auf Comino, der die Korsaren abschre-

# COMINO

cken sollte, die sich auf der Insel niedergelassen hatten. Allerdings gingen 200 Jahre ins Land, bis die Arbeiten beginnen konnten, und der Turm wurde erst 1618 unter Großmeister Alof de Wignacourt fertig gestellt. Allzu viel Schutz versprachen sich die Leute jedoch nicht von dem Turm, denn die alte Kirche wurde 1667 exsekriert, nachdem sie bereits längere Zeit aufgegeben worden war; erst 1716 hat man sie renoviert und neu geweiht; damals wuchs die Bevölkerung der Insel wieder erfreulich an. Mit einigen wenigen ansässigen Familien und einem einzigen Hotel wirkt das flache Eiland Comino auch heute ein wenig verlassen, obwohl die kleine Insel durchaus sehr reizvoll ist.

**DIE BLAUE LAGUNE**

Die Hauptattraktion von Comino ist die wunderschöne Blaue Lagune an der Westküste der Insel. Das von einem feinen weißen Sandstrand eingerahmte kristallklare Wasser verführt zum Baden und eignet sich hervorragend zum Schnorcheln.

*Rechts, die herrliche Blaue Lagune. Unten, Comino und die kleine Insel Cominotto.*

*Gegenüberliegende Seite, der Turm der von Wignacourt gebaut wurde.*

## DIE TIEFEN ERFORSCHEN!

Die Maltesische Inselgruppe mit ihren drei Hauptinseln (Malta, die größte, Comino, berühmt für die Blaue Lagune, und Gozo, die sagenhafte Insel der Kalypso) ist der ideale Ort für den Unterwassersport. Das herrliche, kristallklare Meerwasser ist eines der saubersten des gesamten Mittelmeeres. Die Wassertemperatur liegt im Sommer durchschnittlich bei 23°C und im Winter um die 13°-15°C. Tauchgänge in diesem herrlichen Wasser sind eine einzigartige und unvergessliche Erfahrung, denn die Flora und die Fauna der Unterwasserwelt sind hier besonders üppig und farbenprächtig. Man kann eine große Vielfalt an Fischen beobachten, darunter Zackenbarsche, Seebarben, fliegende Fische und den überaus seltenen Goldbarsch der im Mittelmeer vom Aussterben bedroht ist. Auch im Winter

zeigen sich viele prächtige Fische, darunter der Petersfisch, der sich bis zur Küste vorwagt.
Die Tauchreviere von Malta sind für Anfänger ebenso geeignet wie für erfahrene Taucher und die Tauchgänge gestalten sich zu wunderbaren Entdeckungsreisen unter Wasser, auf denen man natürliche Häfen, große und kleine, einsame und windgeschützte Buchten sowie Felsenriffe und Schiffswracks erforschen kann.

# GOZO

*Der Hafen von Mġarr auf der Insel Gozo.*

*Gegenüberliegende Seite, ein Kreuzschiff.*

# GOZO

*Vor einigen Jahren hat man daran gedacht, die Inseln Malta und Gozo mit einer Brücke zu verbinden, und man beauftragte einige japanische Ingenieure mit einer Durchführbarkeitsstudie.*

Das Projekt wurde vom technischen Standpunkt aus als realisierbar erachtet, doch war der Kostenaufwand so hoch, dass man die Initiative wieder ad acta legte. Viele Leute auf Malta und noch mehr auf Gozo atmeten auf. Sie fürchteten, dass ein bequemer Zugang zu Gozo den antiken Zauber ihrer Insel beeinträchtigen könnte, der sie so liebenswert macht und der in der Vergangenheit auch Malta eigen war, zumindest bis zur Mitte des 20. Jahrhunderts. Im Unterschied zu ihrer größeren Schwester ist Gozo eine ausgesprochen fruchtbare und pittoreske Insel; aber was Gozo am meisten von Malta unterscheidet, sind die Gozitaner. Eine nüchterne, sparsame Bevölkerung, die gegen alle Widrigkeiten gefeit zu sein scheint und deren eiserner Charakter im Feuer der Entbeh-

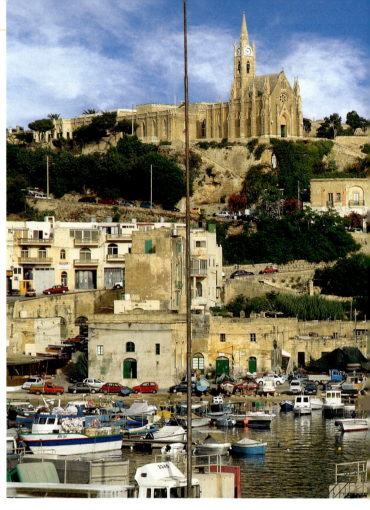

*Blick auf Mġarr, der Hafen von Gozo, mit der Kirche Unsere Frau von Lourdes. Gegenüber, die farbenprächtigen luzzu-Fischerboote.*

rungen und der ständigen Gefahr gestählt wurde. Malta und Gozo haben die gleiche Geschichte, und auf beiden Inseln finden sich die gleichen Spuren, aber Gozo hat in Bezug auf Unheil einen höheren Preis bezahlt. Die im Wesentlichen ungeschützte Insel wurde mehrmals durch Piratenüberfälle verwüstet, und bei einer dieser Raubzüge wurde fast die gesamte Bevölkerung verknechtet. Sobald die Gozitaner von einer drohenden Invasion erfuhren, wie im Falle der Großen Belagerung, flüchteten viele in die befestigten Städte Maltas, wogegen die Alten nach Sizilien evakuiert wurden, aber sobald die Gefahr vorbei war, kehrten sie nach Hause zurück. Auch die aus der Sklaverei freigekauften Gozitaner kehrten heim, und niemand hätte je daran gedacht, sich an einem sichereren Ort niederzulassen. Das was Gozo zu dem macht, was es ist, ist vermutlich die Liebe und der Stolz seiner Bewohner zu ih-

rer Heimat, ein Stolz, der sich im Übrigen in der Schönheit ihrer Kirchen widerspiegelt. Die Liebe der Gozitaner zu ihrem Land ist sogar ansteckend. Viele Besucher sind so verzaubert von der Insel, dass sie beschlossen haben, dort zu bleiben und Gozitaner zu werden (mit Ausnahme von Odysseus, der sich nach siebenjährigem Aufenthalt aus den Armen der Nymphe Kalypso befreite, von der man annahm, dass sie auf Gozo gelebt hat).

# GOZO

*Luftaufnahme der Zitadelle.*

# VICTORIA

*Die Gozitaner nennen sie Rabat, die einzige richtige Stadt auf Gozo. 1897 wurde sie auf diesen Namen getauft.*

Sie befindet sich in der Mitte der Insel und war vermutlich schon zur Römerzeit die Hauptstadt von Gozo. Aus der Antike ist nichts erhalten, doch kann man an den gewundenen und unregelmäßig verlaufenden Gässchen, aber auch in den Alleen der Stadt die herrlichen Balkone und großen Paläste bewundern, die den Stil der Inselarchitektur widerspiegeln.

**DIE ZITADELLE**

Die Zitadelle oder Citadel, das antike Herz von Victoria, erhebt sich auf der Spitze einer der vielen Anhöhen im Zentrum von Gozo. Ihre Anfänge gehen auf das Mittelalter zurück. Früher suchte das ganze Inselvolk bei Sonnenuntergang Schutz hinter diesen **Mauern**, die auf das 16. bis 18. Jahrhundert zurückgehen. Die meisten Gebäude in der Zitadelle sind heute verfallen, aber der **Alte Gerichtshof** und der **Alte Gouverneurspalast** sind auch heute noch Gerichtsgebäude von Gozo. Ferner sind zu sehen: das **Alte Gefängnis**, das **Zeughaus des Ordens**, das *Archäologische Museum*, das *Museum für Naturgeschichte* und das *Folklore-Museum*. Die

# VICTORIA

*Die Zitadelle.
Oben, der
Glockenturm
der Sankt-Marien-
Kathedrale und eine
Ansicht der Mauern.*

*Rechts, die Uhr
in der Nähe des
Hafens der Insel.*

*Unten, enge Gassen
und Gebäude
in der Zitadelle.*

*Folgende Seite,
die Fassade
der Sankt-Maria-
Kathedrale und eine
Ansicht der Kirche.*

# GOZO

**Kathedrale** mit dem **Bischofspalast** und dem **Kathedralmuseum** überragt die Zitadelle.

## DIE KATHEDRALE

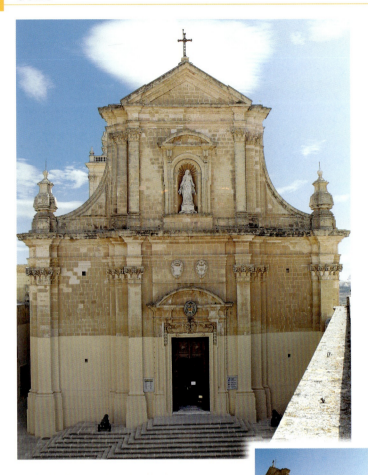

Die Kathedrale wurde von dem Malteser Architekten Lorenzo Gafà in Form eines lateinischen Kreuzes entworfen und von 1697 bis 1711 an der Stelle einer Vorläuferkirche erbaut. Im **Inneren** fällt sogleich die perspektivisch gemalte *Kuppeldecke* von Antonio Manuele da Messina aus dem Jahr 1739 auf. Außerdem befinden sich hier schöne Werke von Malteser Künstlern wie Giuseppe Hyzler, Michele Busuttil und Tommaso Madiona. Beachtenswert sind auch der mit Malachit intarsierte *Hochaltar* und das *Taufbecken*. Kopien des Beckens aus einheimischem Onyx flankieren das Hauptportal.

## VICTORIA

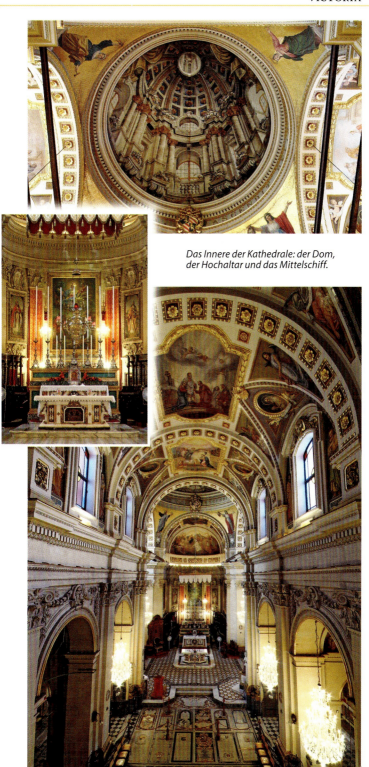

*Das Innere der Kathedrale: der Dom, der Hochaltar und das Mittelschiff.*

# GOZO

*Oben, eine Innenansicht, ein alter Mühlstein für Getreide und der Eingang zum Ethnografischen Museum.*

## FOLKLORE-MUSEUM

Dieses Museum ist in drei Häusern aus dem Spätmittelalter untergebracht, deren Architektur starken sizilianischen Einfluss verraten.
Die Ausstellung umfasst *landwirtschaftliche Geräte, einen alten Mahlstein für Getreide, Geräte für die Baumwollverarbeitung, Handwerkzeuge* und einige *traditionelle Kostüme.*

*Ein Raum im Museum.*

## ARCHÄOLOGISCHES MUSEUM

Das gesamte archäologische Material, das auf Gozo gefunden wurde, ist in diesem als „*Casa Bondi*" bekannten Gebäude des 17. Jahrhunderts ausgestellt. Von besonderem Interesse sind die in Għajn Abdul gefundenen **Terrakottareste aus der Għar Dalam-Zeit** (5000 v. Chr.), vermutlich die ältesten Fundstücke der maltesischen Inseln, und der **Majmuna-Grabstein** aus dem Jahr 1174 n. Chr. mit einer schönen Marmorinschrift in kufischen Lettern.

*Einige archäologische Gegenstände die im Museum ausgestellt sind: Amphoren, Münzen und der Majmuna-Grabstein.*

# GOZO

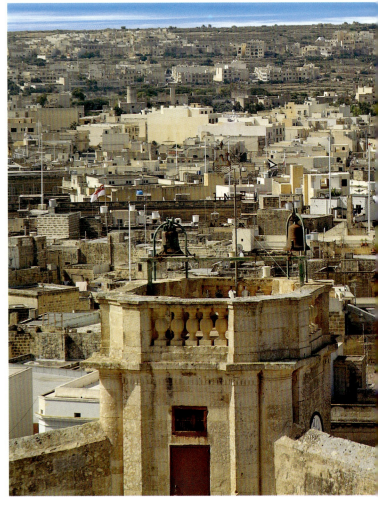

*Blick auf Victoria und die Sankt-Georg-Kirche. Rechts, Detail der Kirche.*

## KIRCHE VON ST. GEORG

Der Pfarrbezirk von St. Georg erfaßt fast die Hälfte von Victoria. Diese Kirche wurde in den Jahren um 1670 herum gebaut und war in dem Erdbeben 1693 schwer beschädigt worden. 1818 wurde eine neue Fassade gebaut. Der Dom und die Seitenschiffe wurden in neuerer Zeit errichtet. In dieser Kirche gibt es viele Kunstwerke zu sehen, unter anderem die *Gemälde des Doms* und die *Decke* von Gian Battista Conti aus Rom und andere Gemälde von Guiseppe Cali, Stefano Erardi und Mattia Preti. Die Fläche auf der die Kirche steht ist von beträchtlichem archäologischen Interesse da sie mindestens bis in die Römerzeit zurückgeht.

# Victoria

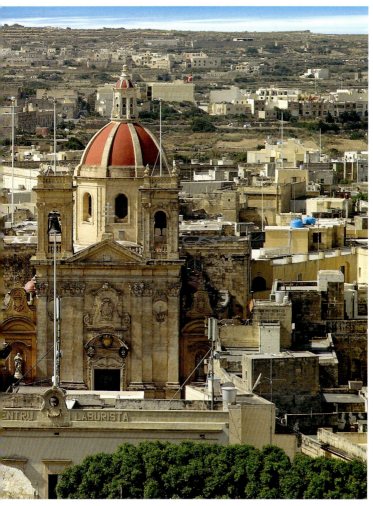

# GOZO

*Einige Ansichten des Markts und der Geschäfte von It-Tokk.*

## IT-TOKK

It-Tokk war das Zentrum des römischen Victoria und vermutlich, wie noch heute, der Marktplatz. Am Vormittag belebt sich der Platz, wenn das Markttreiben beginnt. Kleider und Stoffe sind die meist verkauften Artikel hier. In den umliegenden Sträßchen kann man den köstlichen „Torrone" von Gozo, *bankuncini* (Mandelgebäck) und *pasti tassalib*, eine weitere süße Spezialität von Gozo kaufen.

*Zwei Ansichten des alten Fischerdorfs Xlendi.*

# XLENDI

Dies ist noch ein Sommerbadeort der sowohl von den Örtlichen als auch von Touristen benutzt wird. 1961 wurden auf dem Meeresboden am Eingang des Flüsschens Xlendi, unter 35 Meter Wasser zwei Schiffbrüche gefunden, die etwa vom 2. Jahrhundert v. Chr. und 5. Jahrhundert n. Chr. datieren. Viele Amphoren und einige Blei-Ankerschäfte wurden von diesen Wracks geborgen und sind jetzt im **Archäologischen Museum** in Gozo.

# GOZO

## DWEJRA

Dwejra ist eine Gegend von außergewöhnlicher natürlicher Schönheit an der nordwestlichen Küste von Gozo. Sie war schon seit vielen Jahrhunderten ein Anziehungspunkt für Besucher, und Darstellungen des Pilzfelsens können in vielen alten Gravierungen gefunden werden. Das Gebiet an sich ist ein wahres Museum für Geschichte, Archäologie, Naturgeschichte und Geologie.

## DAS BINNENMEER

Die Gozitaner nennen es „Il-Qawra". Dieses mit Meerwasser gefüllte Becken ist teilweise umringt von hohen Klippen und teilweise von einem Kieselstrand. Die See fließt durch einen natürlichen Tunnel in den Klippen ein und formt ein riesiges **Schwimmbecken** voll mit klarem Seewasser. Das Meer ist hier wärmer und exzellent zum Baden geeignet, besonders für Kinder. In der Nähe des Tunnels ist das Wasser tiefer.

*Tauchliebhaber bei Dwejra.*

Unten, das Binnenmeer.

*Der Fungus Rock, örtlich auch als „Generalfels" bekannt.*

## FUNGUS ROCK

Dieser mehr als 50 m hohe Felsen wird von den Maltesern **il-Ġebla tal-General** ("Generalfelsen") genannt, weil angeblich ein Kommandant des Johanniterordens hier ein **Gewächs** entdeckte, das in dieser Gegend *Gherq Sinjur (Cynomorium coccineum* Linn.) genannt wird und von dem man glaubte, es besäße Heilkräfte. Der Felsen wurde lange Zeit vom Orden überwacht, um diese besondere Heilpflanze zu schützen. 1744 machte Großmeister Pinto den Fungus Rock sogar unzugänglich.

Noch bis Mitte des vorigen Jahrhunderts unterstand der Wächter unmittelbar der Ordensleitung.

*Das „Fenster von Zerka", der eindrucksvolle natürliche Bogen der aus dem Meer herausragt.*

## DAS FENSTER VON ZERKA

Dies ist ein kolossaler natürlicher Bogengang der aus der See emporragt. Obwohl er von den Einheimischen auch **It-Tieqa** (das Fenster) genannt wird, hat er mehr Ähnlichkeit mit einer Tür. Die See um diesen Bogengang herum ist intensiv blau und bietet eine der besten Gelegenheiten zum Schnorcheln auf Malta und Gozo. Nahebei liegt die als „**Il-Hofra tal-Bedwin**" (das Bauernloch) bekannte Unterwasserhöhle, die von außergewöhnlicher Schönheit ist. Man kann in einem der kleinen Fischerboote auf dem Binnenmeer einen kleinen Ausflug um das Fenster von Zerka und den Pilzfels herum machen.

# GOZO

*Ta' Pinu-Schutzgebiet.*

## WALLFAHRTSKIRCHE TA' PINU

Diese Wallfahrtskirche ist eine nationale Pilgerstätte sowohl für die Gozitaner als auch Malteser. Hier stand früher eine **Kapelle** aus dem 16. Jahrhundert, die der Mariä Himmelfahrt geweiht war und ein von Amedeo Perugino 1619 gemaltes *Altarbild* bewahrte. Am 22. Juni 1883 verkündete eine Bäuerin mittleren Alters, Carmela Grima, an dieser Stelle die Stimme der Madonna gehört zu haben. In der Folgezeit ereigneten sich hier viele Gnadenwunder und Heilungen, und im Jahr darauf wurde Gozo von der Pest verschont. Von allen maltesischen Inseln und auch aus dem Ausland flossen Spenden ein. Der Bau der heutigen Kirche wurde 1920 in Angriff genommen. 1931 fand die Weihe der Kirche statt, die von Papst Pius XI. ein Jahr später zur Basilika erhoben wurde. Die alte Kapelle mit dem Originalgemälde ist noch an der Rückwand der Kirche zu sehen, wo auf beiden Seiten des Reliquiars die Votivgaben aufgehängt sind. Umgeben von den Hügeln Ghammar und Gordan, ragt die in romanischem Stil erbaute Kirche majestätisch aus der Feldern der Gozitaner Insellandschaft in die Höhe. Sie stellt ein vollkommenes Beispiel dar für die technische Ausführung in lokalem Stein, mit vielen skulptierten Reliefzeichnungen und Mosaiken, die im Inneren die Altartafeln und Friese des Kirchenschiffs schmücken.

## ŻEBBUĠ

Wie die meisten Kirchen auf Gozo ist auch die **Mariä-Himmelfahrts-Kirche** in Żebbuġ, dem nördlichsten Inselort, ein stattliches Barockgebäude. Die 1726 geweihte Kirche war das erste Gotteshaus auf Gozo, das mit Seitenschiffen ausgestattet wurde. Mehrere Skulpturen aus lokalem Onyx schmücken den Innenraum und den *Hochaltar*.

*Die Himmelfahrtskirche in Żebbuġ und das Heiligenverzeichnis vor dem Eingang.*

*Zwei Aussichten auf die Salzpfannen von Qbajjar.*

## DIE SALZPFANNEN VON QBAJJAR

Aus der Entfernung sehen die Salzpfannen von Qbajjar Pfützen nicht unähnlich, obwohl sie mit Meerwasser gefüllt sind. Die Salzpfannen von Qbajjar sind die größten Salzwerke auf Gozo. Jedes Jahr werden dort mehrere Tonnen von Seesalz produziert.

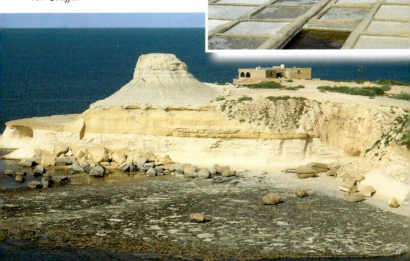

## DAS MALTESISCHE HANDWERK

Das maltesische Handwerk hat eine lange Tradition. Eines der bekanntesten Erzeugnisse ist die für ihre anspruchsvollen Muster berühmte **Klöppelspitze** aus Gozo.
Diese bereits im 17. Jh. eingeführte Handarbeit blühte ab dem 19. Jh. auf, als Spitzenmacherinnen aus Genua auf der Insel ankamen. Die maltesische Spitze stammt also von der genuesischen Spitze ab, hat aber eigene, besondere Merkmale, so wird z.B. das Malteserkreuz in die Arbeiten eingefügt. Noch heute trifft man auf der Insel Gozo auf ältere Damen, die wie vor vielen Jahren vor ihrem Haus Spitzen klöppeln. Die maltesische **Silberschmiedekunst**, die ebenfalls eine wichtige Rolle spielt, entwickelte sich besonders in der Zeitepoche

## MALTESISCHE HANDWERK

der Johanniterritter und wird noch heute weltweit geschätzt. In den Juweliergeschäften findet man wunderschönen Filigranschmuck aus Gold und Silber mit antiken und modernen Mustern.

Sehr hochwertig ist auch die Herstellung von **Töpfer-** und **Glaswaren**. Letztere werden mit dem Mund geblasen, von Hand geformt und schließlich mit leuchtenden Farben bemalt.

# GOZO

*Fischer im Hafen von Marsalforn.*
*Blick auf Marsalforn und seinen Hafen.*

## MARSALFORN

Marsalforn ist der bekannteste Badeort auf Gozo, der mit seinem stets voll besetzten Jachthafen vor allem im Sommer von Touristen überlaufen ist. Das einstige Fischerdorf ist noch an den bunten Booten zu erkennen, die in einer geschützten Ecke der Bucht vor Anker liegen. Fangfrischen Fisch bieten die Restaurants das ganze Jahr über an. Hier kann man jede Art von Wassersport ausüben. Außerdem gibt es in Marsalforn einen schönen Sandstrand, Hotels, Pensionen, Apartments und Souvenirläden mit reichlichem Angebot.
Um die westliche Landzunge herum liegen die kleinen Buchten

## MARSALFORN

von *Qbajjar*, *Xwejni* und die einem Fjord ähnelnde kleine Bucht von *Wied il-Ghasri*.
*Ghar Qawqla*, *Ghajn Barrani* und die *Ramla-Bucht* liegen an der östlichen Landzunge.

*Mehr Ansichten dieses malerischen Dorfes und seines Hafens.*

### CALYPSOS HÖHLE

Calypso's Höhle setzt den Betrachter in die sagenumwobenen Tage Homer's zurück. Obwohl es schwierig ist, den heutigen Zustand der Höhle und ihrer Umgebung mit Homer's Beschreibung von Calypso's Höhlenwohnung zu vergleichen, sind nur einige Meter vom Höhleneingang entfernt prähistorische Scherben aus der Ġgantija-Phase von etwa 3600 v. Chr. gefunden worden. Diese Stätte war schon seit vielen Jahren als Calypso's Höhle bekannt. Von den Höhen dieser Höhle aus erstreckt sich die Aussicht über das Ramla-Tal und die roten Sanddünen der Bucht weiter unten.

## RAMLA-BUCHT

Ramla ist ein feiner Sandstrand an der Nordküste von Gozo, der beste beider Inseln. Der Name bedeutet „sandig", es ist ein vorzüglicher Platz zum schwimmen und Kinder können dort gut spielen.

*Der ziegelrote Sand am schönen Strand der Ramla-Bucht.*

# XAGHRA

Xaghra wurde im April 1688 zur Pfarrgemeinde zusammen mit Nadur, Sannat und Żebbuġ. Die Feier zu Ehren der Schutzheiligen „Unsere Liebe Frau der Siege" wird jedes Jahr am 8. September mit großem Pomp gehalten.

Die **Windmühle** wurde im Jahr 1724 zusammen mit einer Windmühle bei Nadur und einer weiteren bei Gharb gebaut, von dem portugiesischen Großmeister Manoel de Vilhena. Ein Bericht, der im Jahr 1779 von einem Meistersteinmetz, der bei dem Johannesorden tätig war, angefertigt wurde, besagt, dass diese Windmühle strukturell fehlerhaft gebaut war. Er schlug vor, dass sie abgerissen und neugebaut werden sollte aber das ist nie passiert. Diese Mühle, genau wie die andere bei Qala, ist zur Zeit reparaturbedürftig. Jedoch besteht die Hoffnung, dass sie bald einen passenden Betreuer finden und zu ihrer ursprünglichen stolzen Erscheinung restauriert wird, zusammen mit anderen Sehenswürdigkeiten in dem Dorf Xaghra.

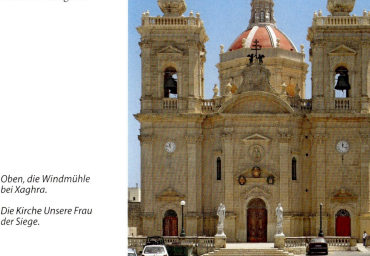

*Oben, die Windmühle bei Xaghra.*

*Die Kirche Unsere Frau der Siege.*

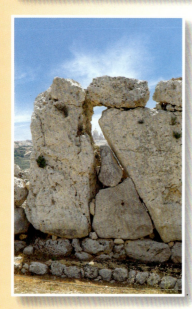

## DIE TEMPEL VON ĠGANTIJA

Ġgantija oder „*Turm der Giganten*", wie die Anlage in der Vergangenheit genannt wurde, ist die gewaltigste und weitaus besterhaltene prähistorische Tempelanlage von Malta. Es handelt sich vermutlich um die schönsten aller antiken Ruinen dieser Inseln, die in Bezug auf ihre Großartigkeit und Bedeutung durchaus mit Stonehenge vergleichbar sind. Die berühmte archäologische Stätte wurde um 1826 entdeckt. Ġgantija gliedert sich in zwei Höfe, die, wie die Tempel von Mnajdra, nicht miteinander verbunden sind. Der größere und ältere, sog. **Südtempel** (um 3600 v. Chr.) ist besser erhalten und besteht aus fünf großen Apsiden; der **Nordtempel** ist kleiner und jünger (um 3000 v. Chr.) und weist vier Apsiden auf. Der Hof des Südtempels misst von einer Apsis zur anderen 23 Meter, und die Tempelmauern erreichen die beachtliche Höhe von 8 Metern. Zur Zeit ihrer Entstehung war der Bogen noch nicht erfunden worden, sodass man als Material für

# Tempel von Ġgantija

die Bedachung wahrscheinlich Holz oder Leder verwendete. Der Tempelbau besteht aus zwei Steinarten: *„talfranka"*, ein weicher Stein, der vorwiegend in Innenbreichen und für Portale und Fußböden Einsatz fand, und *„talqawwi"*, ein harter Stein, der sich für die tragenden Strukturen des Mauerwerks eignete. Die Innenwände waren mit Gips verputzt und mit roter Ockerfarbe bemalt.

Die riesigen Megalithen, aus denen die *Außenmauern* bestehen (der größte wiegt mehrere Tonnen) wurden abwechselnd horizontal und vertikal aufgeführt. Der Raum zwischen Innen- und Außenmauer wurde mit Schotter und Erdreich aufgefüllt. Dieses Bausystem erklärt wohl auch, weshalb eine Anlage wie Ġgantija über 5000 Jahre Verwüstungen und Plünderungen standhalten konnte.

Der *Fußboden* ist zum Teil mit weichen Steinplatten und zum Teil mit Torf oder Stampferde bedeckt. Einige dieser Platten sind vereinzelt mit schöben Spiralmotiven dekoriert.

*Diese Seiten, die nördlichen und südlichen Tempel bei Ġgantija.*

# GOZO

**NINUS GROTTE**

Ninus Grotte liegt an der Nummer 17 auf der Januarstraße in Xaghra, nahe der Kirche. In dieser Grotte kann man eine Vielzahl von Stalaktiten sehen, die wie Eiszapfen von der Decke hängen, während verschiedene Stalagmit-Formationen vom Höhlenboden aufragen.

## XEWKIJA

Die **Kirche** von Xewkija ist Johannes dem Täufer geweiht und besitzt eine der größten Kuppeln der Welt. 1952 begann man mit der Umbauung der bestehenden Pfarrkirche, die bis 1972 noch für Gottesdienste benutzt und erst dann abgetragen wurde, als die neue Kirche 1973 fertig gestellt war. Die **Kuppel** sollte in ihren Ausmaßen die der Kirche von Mosta (Malta) überschreiten. Tatsächlich ist die Kuppel in Xewkija höher, hat aber einen kleineren Durchmesser.

Außer einem *Altargemälde* von Giacchino Loretta, einem Schüler von Mattia Preti, birgt die Kirche drei hervorragende *Gemälde* von Francesco Zahra, dem bedeutendsten Malteser Maler des 18. Jahrhunderts. Neben der Rotonda befindet sich das **Kirchenmuseum** mit

*Die Kirche Sankt-Johannes-der-Täufer in Xewkija.*

# XEWKIJA

*Oben, ein weiterer Blick
auf die Rotunde.
Rechts, der majestätische Dom der
Kirche Sankt-Johannes-der-Täufer.
Unten, ein Detail: die Statue
des Sankt Zacharias.*

dem *Kirchenschatz* und einigen *Skulpturen* aus der alten Kirche, einem wahren Juwel der Barockbaukunst.

### DIE AUSMASSE SIND:

| | |
|---|---:|
| Länge innen | 63,30 m |
| Breite innen | 42,60 m |
| Kuppelumfang innen | 25,00 m |
| Höhe der Kirche | 74,60 m |
| Umfang außen | 86,00 m |
| Gewicht der Kuppel | 45,00 t |

# MALTESISCHE KÜCHE

## MALTESISCHE KÜCHE

Wie jedes andere Mittelmeerland ist auch Malta mit frischem Fisch, leckeren Gemüsen, süssen Früchten und einer Fülle von Zitronen, Oliven, Knoblauch und Kapern, Minze, Basilienkraut und noch viel mehr sonnendurchtränkten Erzeugnissen gesegnet, die es dem maltesischen Koch ermöglichen, die appetitanregendsten Speisen zu bereiten, ob traditionell oder innovativ. Maltesische Speisen fallen allgemein in zwei Kategorien: Bauernküche, die ihre Wurzeln tief in der Geschichte der Nation hat und sich wahrscheinlich wenig über die Jahrhunderte hinweg geändert hat. Diese Art der Küche wird von dicken Gemüsesuppen und Eintöpfen repräsentiert, ofengebackenen unbedeckten Broten (ftira), Ziegenkäse und Kartoffeln. Andere maltesische Gerichte haben ihre Gegenstücke überall im Mittelmeerraum und können mit unterschiedlichen Nachbarn identifiziert werden: timpana mit den sizilianischen timballo, und gefüllte Paprikaschoten und Auberginen mit der Levante. Helwa und imqaret, zwei beliebte Nachspeisen, sind wahrscheinlich arabischer Herkunft.

Worauf der maltesische Tisch besonders stolz sein kann ist das Brot. Echtes maltesisches hobza ist außen knusprig und knackig aber innen leicht und weich. Abgesehen davon dass man es auf die übliche

# MALTESISCHE WEINE

Art und Weise essen kann, wie etwa als belegtes Brot und als Beilage zur Mahlzeit oder für Käse, schmeckt es am besten als „Hobz biz-zejt" - wortwörtlich Brot mit Öl.

## MALTESISCHE WEINE

Es wird allgemein angenommen, dass die Weinrebe von den ersten Phönizischen Siedlern nach Malta eingeführt wurde. Abgesehen von der arabischen Periode hat der Weinbau auf Malta bis hin zu der Ankunft der Briten floriert. Ende des 19. Jahrhunderts wurde ein Neuanpflanzungs-Programm begonnen und der Weinbau florierte abermals. Ansehnliche Flächen Land sind jetzt mit internationalen Sorten wie Chardonnay und Merlot bepflanzt.

Wie die meisten anderen Mittelmeerländer hat Malta ideale Boden- und Klimaverhältnisse um erstklassige Weine zu kultivieren. Die meisten traditionellen Weinerzeuger kultivieren noch örtliche Traubensorten (die weiße Sorte Ghirgentina und die rote Sorte Gellewza).

# INHALT

*Einleitung* ............ 3

*Vorgeschichte* ............ 3
*Die Phönizier* ............ 4
*Die Römer* ............ 5
*Sankt Paulus* ............ 5
*Die Araber* ............ 6
*Das Mittelalter* ............ 7
*Die Ritter
des Johannesordens* ............ 8
*Die Große Belagerung* ............ 9
*Die Gründung von Valletta* ............ 10
*Der Untergang des Ordens* ............ 10
*Die Franzosen* ............ 10
*Die Briten* ............ 11
*Der Pfad zur Unabhängigkeit* ............ 12

**MALTA** ............ 17
**VALLETTA** ............ 19
- Großmeisterpalast ............ 22
- Rüstkammer-Museum ............ 27
- St. John's Co-Cathedral ............ 28
- Republic Street und Merchants Street ............ 34
- Nationalmuseum der Schönen Künste ............ 35
- Auberge de Provence und Archäologisches Museum ............ 36
- Auberge de Castille ............ 38
- Barracca-Gärten ............ 39
- Fort St. Elmo ............ 41
- Nationales Kriegsmuseum ............ 41
**SLIEMA UND ST. JULIAN'S** ............ 44
**DIE DREI STÄDTE: VITTORIOSA, SENGLEA UND COSPICUA** ............ 49
**PAOLA UND DAS HAL SAFLIENI HYPOGÄUM** ............ 55
**TEMPEL VON TARXIEN** ............ 56
**MARSAXLOKK** ............ 58
**GHAR DALAM** ............ 62
**WIED IŻ-ŻURRIEQ, DIE BLAUE GROTTE UND DIE DINGLI CLIFFS** ............ 63
**ĦAĠAR QIM** ............ 66
**MNAJDRA** ............ 68
**MDINA** ............ 69
- Kathedrale von Sankt Paulus ............ 72
- Kathedralmuseum ............ 75
**RABAT** ............ 79
- Kirche des Heiligen Paulus ............ 81
- Grotte von Sankt Paulus ............ 82
- Katakomben des Heiligen Paulus und der Heiligen Agatha ............ 83
- Römisches Antikenmuseum ............ 84
**MOSTA** ............ 86
**BUĠIBBA** ............ 88
**ST. PAUL'S BUCHT** ............ 89
**DER NORDEN: DIE SCHÖNSTEN BUCHTEN UND STRÄNDE MALTAS** ............ 90

**COMINO** ............ 92

**GOZO** ............ 97
**VICTORIA** ............ 100
- Die Zitadelle ............ 100
- Die Kathedrale ............ 102
- Folklore-Museum ............ 104
- Archäologisches Museum ............ 105
- Kirche von St. Georg ............ 106
- It-Tokk ............ 108
**XLENDI** ............ 109
**DWEJRA** ............ 110
- Das Binnenmeer ............ 110
**FUNGUS ROCK** ............ 111
**FENSTER VON ZERKA** ............ 111
**WALLFAHRTSKIRCHE TA' PINU** ............ 112
**ŻEBBUĠ** ............ 113
**SALZPFANNEN VON QBAJJAR** ............ 113
**MARSALFORN** ............ 116
**RAMLA-BUCHT** ............ 118
**XAGHRA** ............ 119
**TEMPEL VON ĠGANTIJA** ............ 120
**XEWKIJA** ............ 122

*Karte von Malta* ............ 126

**VERTIEFENDE TEXTE**
Die Auberges ............ 37
Besichtigung des Großen Hafens ............ 43
Die Blaue Lagune ............ 93
Calypsos Höhle ............ 118
Charakteristische maltesische Boote ............ 60
Caravaggio auf Malta ............ 33
Der Karneval ............ 42
Das Malteserkreuz ............ 11
Das maltesische Handwerk ............ 114
Maltesische Küche ............ 124
Maltesische Weine ............ 125
Musik und Folklore ............ 76
Ninus Grotte ............ 122
Paceville - Malta bei Nacht ............ 47
Die Tiefen erforschen! ............ 94
Vittoriosa und die Große Belagerung ............ 54